JN440701

위 QR코드를 촬영하면
원어민 음성파일 다운로
드 페이지로 이동합니다.

아래 QR코드를 촬영하면
책 내용을 저자가 직접 해
설하는 유튜브 동영상으로
이동합니다.

여성 김대리의 영어일기 전면개정판

개정판 1쇄 인쇄 2026년 2월 4일
개정판 1쇄 발행 2026년 2월 4일

지은이 | 장승진, 프랙티쿠스 연구팀
그림 | 최정을
펴낸이 | 장승진
펴낸곳 | ㈜프랙티쿠스

주소 | 서울시 서초구 잠원동 15-10 라성빌딩 4층
전화 | 02)6203-7774 팩스 | 02)6008-7779
홈페이지 | www.practicus.co.kr
이메일 | help@practicus.co.kr
출판신고 | 2010년 7월 21일 제 2010-47호


▶ 일부 예문 작성에 인공지능을 활용했습니다.

ISBN 978-89-6893-052-2

값 16,800 원

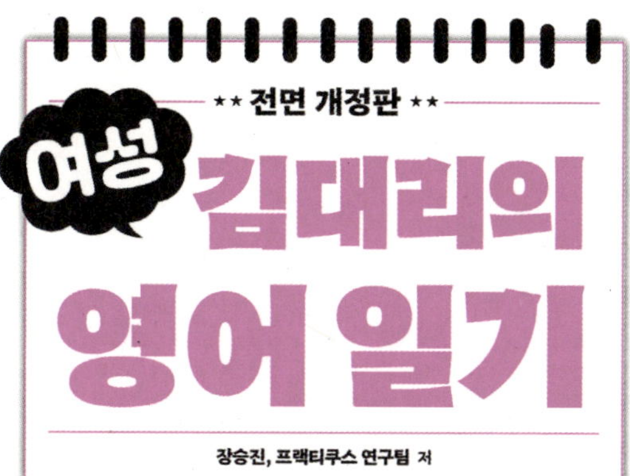


우리 일상과 직장생활에 관한 솔직한 이야기

"이보다 실용적인 영어는
찾기 힘듭니다"

- 어느 독자의 리뷰

프랙티쿠스

# 머리말

『여성 김대리의 영어일기 전면 개정판』을 출간합니다. 『여성 김대리의 영어일기』는 『김대리의 영어일기』와 함께 직장인의 솔직한 이야기를 통해 유용한 표현을 익히자는 취지로 만들었던 책입니다. 역시 10년 넘는 시간이 흘러서, 시류에 맞게 내용을 전부 새로 집필하여 출간합니다. 지난달에 나온 『김대리의 영어일기 전면개정판』에도 많은 관심 부탁드립니다.

남성 직장인의 일기에서 담아내지 못한 여성 직장인만의 이야기가 있기에, 『여성 김대리의 영어일기』를 따로 출간했습니다. 직장생활과 인간관계에서 느끼는 솔직한 감정에는 성별 차이가 없지만, 일상생활과 관심사가 같을 수는 없죠. 여성이 얼마나 공감할 수 있는 내용인가, 그리고 얼마나 리얼하다고 느낄 스토리인가를 기준으로 일기를 작성했습니다.

일기라는 형식을 빌린 이유는, 친숙한 이야기를 통해 유용한 표현을 효과적으로 제시하기 위해서입니다. 어떤 콘텐츠를 통하든, 영어 학습은 결국 '표현 외우기'라는 기본 이치에는 변함이 없죠. 저희는 언제나 더 흥미롭게 효율적으로 외우도록 돕는 데 중점을 두고 책을 만듭니다.

『여성 김대리의 영어일기』와 『김대리의 영어일기』 전면개정판을 통해 영어 공부를 흥미롭게 이어나가 보시길 바랍니다.

장승진

## 한글 일기

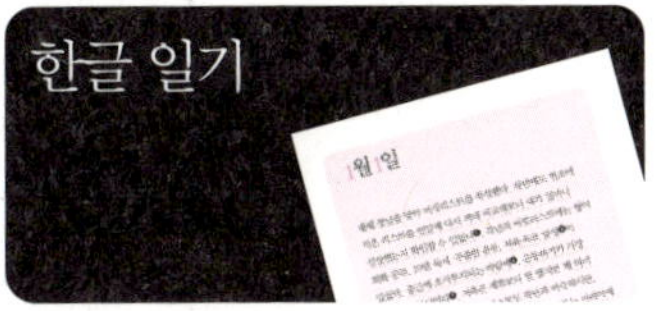

주인공의 생각을 가장 잘 반영한 자연스러운 일기를 소개하려 노력했습니다. 일기라는 형식을 취하고 있지만 문장이 짧고 유용한 표현이 많으니, 영어 회화를 위한 자료로 활용하기에도 충분하리라 생각합니다.

## 영어 일기

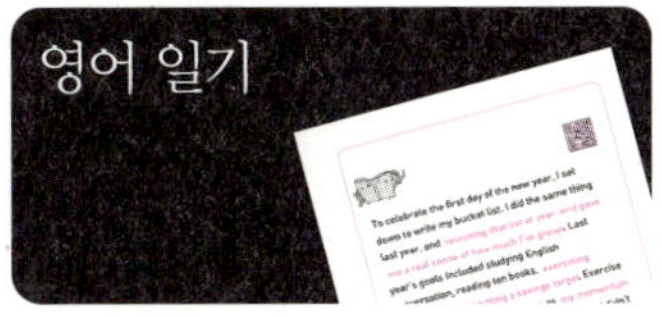

우리말을 최대한 자연스러운 영어로 옮겼습니다. 일대일로 직역한 문장이 아니기 때문에 생략되고 추가된 내용도 있지만, 우리 생각과 감정을 영어로 말할 때 필요한 좋은 영어 표현은 고스란히 담고 있습니다.

## 설명

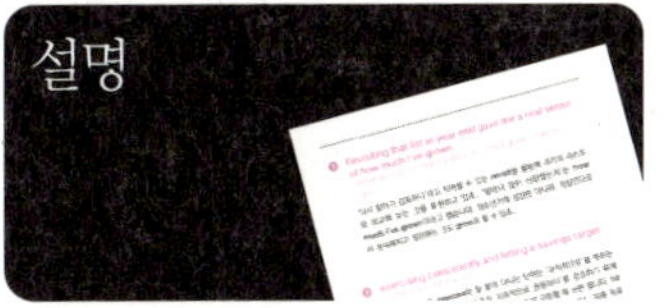

하루 일기에서 10개 안팎의 표현을 골라 설명합니다. 실제 쓰임이 많은 표현들을 정확히 이해하는 데 중점을 두었으며, 같은 생각을 달리 다양하게 표현하는 방법도 알려드립니다.

## 내 실력 점검하기

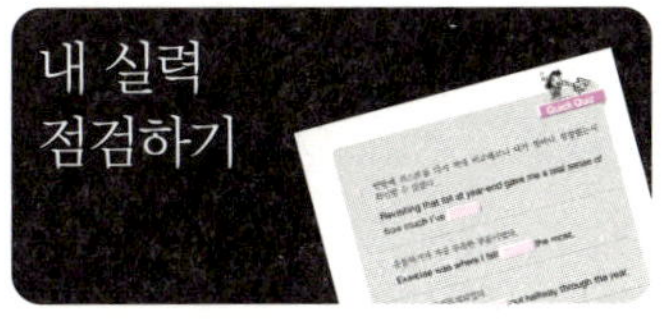

매 일기가 끝날 때마다 핵심 표현을 잘 이해했는지 테스트해 볼 수 있도록 꾸몄습니다. 간단한 빈칸 채우기 문제로 구성되어 있습니다.

# 목차

목차

## 7,8,9월의 일기



## 10~12월의 일기

# 1~3월의 일기

# 1월1일

새해 첫날을 맞아 버킷리스트를 작성했다. 작년에도 연초에 적은 리스트를 연말에 다시 꺼내 비교해보니 내가 얼마나 성장했는지 확인할 수 있었다❶. 작년의 버킷리스트에는 영어 회화 공부, 10권 독서, 꾸준한 운동, 저축 목표 달성❷이 있었다. 중간에 흐지부지되는 바람에❹, 운동하기가 가장 부족한 부분이었다❸. 저축은 계획보다 덜 했지만 꽤 의미 있는 금액을 모았다❺. 올해 리스트도 작년과 비슷하지만, 자격증 공부 시작하기를 추가했다❻. 자격증 공부는 커리어에 도움이 될 것 같아 꼭 실천하려 한다❼. 이렇게 적어두니 새해 첫날이 더 특별하게 느껴져 좋다. 연말에 초과 달성했다고 말할 수 있으면 좋겠다❽.

To celebrate the first day of the new year, I sat down to write my bucket list. I did the same thing last year, and **revisiting that list at year-end gave me a real sense of how much I've grown**. Last year's goals Included studying English conversation, reading ten books, **exercising consistently,** and **hitting a savings target**. Exercise was **where I fell short the most**, as **my momentum fizzled out halfway through the year**. While I didn't reach my exact savings goal, I still **managed to set aside a significant amount**. This year's list looks similar, but I've **added a new priority: earning a professional certification**. I believe it will be **a major asset to my career,** so I'm determined to **follow through**. Writing my goals down like this makes the start of the year feel even more special. I hope that by December, **I can proudly say I exceeded my own expectations**.

**1** **Revisiting that list at year-end gave me a real sense of how much I've grown.**
| 연말에 리스트를 다시 꺼내 비교해보니 내가 얼마나 성장했는지 확인할 수 있었다 |

'다시 찾아가 검토하다'라고 직역할 수 있는 revisit을 활용해 과거의 리스트와 비교해 보는 것을 표현하고 있죠. '얼마나 많이 성장했는지'는 how much I've grown이라고 했습니다. 청소년기의 성장뿐 아니라, 직장인으로서 성숙해지고 성장하는 것도 grow로 표현할 수 있죠.

**2** **exercising consistently and hitting a savings target**
| 꾸준한 운동과 저축 목표 달성 |

운동한다는 뜻인 exercise와 잘 붙어 다니는 단어는 '규칙적으로'를 뜻하는 regularly인데, 여기서는 '꾸준히 지속적으로 운동하다'를 강조하기 위해 consistently라고 했죠. 어떤 행동이든 꾸준함을 강조할 때 쓰면 됩니다. hit은 여러 단어들과 어울려 '도달', '달성', '성공' 등을 표현합니다. '저축 목표 달성'이므로 hit a savings target이라고 했죠. hit a record(기록을 깨다), hit the mark(명중하다), hit the jackpot(대박을 터뜨리다) 등이 비슷한 예입니다.

**3** **Exercise was where I fell short the most.**
| 운동하기가 가장 부족한 부분이었다 |

fall short는 '기대에 미치지 못하다', '부족하다'라는 뜻입니다. 가장 부족했으므로 the most를 붙였죠. 위 문장은 Exercise was the area where I fell short the most. 즉, '운동이 가장 부족한 영역이었다'에서 area를 생략했다고 보면 됩니다. 관계부사 where는 '장소'뿐 아니라 '영역'이나 '상황'을 수식하는 말로도 잘 쓰이죠.

### ❹ My momentum fizzled out halfway through the year.
| 중간에 흐지부지되었다 |

원래 동사 fizzle은 김이 빠지는 소리나 '치익'하는 소리를 묘사하죠. 그 의미에서 유래한 fizzle out은 점점 힘을 잃고 흐지부지 끝나는 상황을 말할 때 쓰입니다. 불꽃이 '치익' 하고 사그라드는 이미지를 떠올리면 이해가 쉽죠. momentum이 '추진력', '동력'이라는 뜻이므로 My momentum fizzled out.은 중간에 흐지부지된 상황을 말합니다. halfway through the year는 말 그대로 '한 해의 중간이 지났을 때'라는 뜻입니다.

### ❺ I still managed to set aside a significant amount.
| 의미 있는 금액을 모았다 |

set aside는 돈이나 시간을 '따로 떼어 두다', '비축하다'라는 의미입니다. '저축'을 표현하는 말도 되죠. significant amount라고 했으므로, '꽤 의미 있는 금액'을 일컫습니다.

### ❻ I've added a new priority: earning a professional certification.
| 자격증 공부 시작하기를 추가했다 |

priority가 우선순위를 뜻하므로, add a new priority는 새롭게 중요한 목표를 하나 더 설정했다는 의미가 됩니다. professional certification은 전문성을 공식적으로 인정받는 '자격'을 가리키죠. '자격증 증서'는 certificate이라고 하지만, 여기서는 그런 자격을 얻는다는 의미이므로 certification도 잘 어울립니다. 노력과 시간을 들여 자격증을 '취득'하는 것이므로 동사는 earn을 활용하고 있죠.

### ❼ I believe it will be a major asset to my career, so I'm determined to follow through.
| 자격증 공부는 커리어에 도움이 될 것 같아 꼭 실천하려 한다 |

asset은 원래 '자산'을 뜻하는데, 여기서는 커리어에 도움이 되는 요소라는 비유

적 의미로 쓰였습니다. follow through는 시작한 일을 끝까지(through) 밀고 나간다는 뜻으로, 중간에 포기하지 않고 계획을 완수하겠다는 뉘앙스를 강조합니다. '관통'을 의미하는 through가 지니는 '완결'의 의미에 주목하면 됩니다.

## 8 I hope that by December, I can proudly say I exceeded my own expectations.

| 연말에 초과 달성했다고 말할 수 있으면 좋겠다 |

exceed는 기대 수준을 능가한다는 의미죠. 여기처럼 '초과달성'을 말할 때 활용하면 됩니다. 같은 뜻을 지닌 동사로 surpass도 있습니다. '넘어서다'라는 의미에 충실하게 I went beyond what I thought I could do.처럼 표현해도 좋죠.

## Quick Quiz

1 연말에 리스트를 다시 꺼내 비교해보니 내가 얼마나 성장했는지 확인할 수 있었다.

Revisiting that list at year-end gave me a real sense of how much I've ______.

2 운동하기가 가장 부족한 부분이었다.

Exercise was where I fell ______ the most.

3 중간에 흐지부지되었다.

My momentum ______ out halfway through the year.

4 의미 있는 금액을 모았다.

I still managed to ______ aside a significant amount.

5 자격증 공부는 커리어에 도움이 될 것 같아 꼭 실천하려 한다.

I believe it will be a major asset to my career, so I'm determined to ______ through.

답 **1.** grown **2.** short **3.** fizzled **4.** set **5.** follow

# 1월6일

요가 클래스 첫날이었다. 퇴근 후 바로 갔는데, 회사에서 쌓인 피로를 풀 수 있을까 기대가 컸다❶. 강사님은 밝고 유쾌한 분이어서 분위기가 좋았다❷. 첫 동작은 호흡을 가다듬는 것이었는데 숨 쉬는 것도 이렇게 어렵나 싶었다❸. 이어진 스트레칭에서는 내 몸이 돌처럼 굳어 있다는 걸 깨달았다. 다리를 뻗는데 정말 뻣뻣했다❹. 그래도 강사님이 "처음엔 다 그래요"라고 웃으며 격려해주셔서 조금 안심이 됐다❺. 하이라이트는 나무 자세였는데 균형을 못 잡고 쓰러질 뻔 하기를 몇 번 반복했다❻. 수업을 끝내고 나니 묘하게 개운했고 몸이 가벼워진 느낌이었다❼. 이래서 사람들이 요가에 빠지는구나 싶었다. 앞으로 꾸준히 다니면 유연성도 늘고 마음도 한결 차분해질 것 같다❽.

Today was my first yoga class. I went straight after work, hoping to shake off the day's fatigue. The instructor was incredibly upbeat and cheerful, which really set the tone. We began with breathing exercises, and I was surprised by how challenging something as simple as breathing could be. As we moved into stretching, I realized just how stiff my body had become. My legs felt as rigid as stone. Still, the instructor reassured me with a smile, saying, "Everyone's like this at first," which helped me relax. The highlight of the class was the tree pose, but I kept losing my balance and nearly toppled over several times. When the class ended, I felt oddly refreshed, as if my body had become lighter. I finally understand why people fall in love with yoga. If I stick with it, I'm sure I'll become more flexible and feel much calmer inside.

**1 I went straight after work, hoping to shake off the day's fatigue.**
| 퇴근 후 바로 갔는데, 회사에서 쌓인 피로를 풀 수 있을까 기대가 컸다 |

shake off는 흔들어서(shake) 떨어뜨리다(off)라고 직역할 수 있죠. 주로 몸이나 마음에 남아 있는 불편함, 피로, 스트레스를 털어낸다는 의미로 씁니다. '피로를 풀다'라는 우리말과 잘 어울리죠. 일이 끝나고 바로 간 것이므로 right after work 혹은 straight after work라고 표현할 수 있습니다.

**2 The instructor was incredibly upbeat and cheerful, which really set the tone.**
| 강사님은 밝고 유쾌한 분이어서 분위기가 좋았다 |

upbeat는 말 그대로 비트가 높다는 뜻입니다. 기분이 들뜨고 긍정적이며 활기찬 모습을 묘사할 때 쓰죠. set the tone은 '톤을 정하다', 즉 어떤 상황의 전체적인 분위기를 결정짓는다는 말입니다. '강사의 upbeat한 태도가 분위기를 결정했다', 그러니까 밝은 태도가 분위기를 좋게 만들었다는 말이 됩니다. '분위기'를 표현하는 단어로 여기처럼 tone도 적절합니다.

**3 I was surprised by how challenging something as simple as breathing could be.**
| 숨 쉬는 것도 이렇게 어렵나 싶었다 |

어떤 일이 어렵다고 할 때 difficult보다 challenging이라는 단어가 더 자주 쓰이는 것을 볼 수 있습니다. '도전적'이라고만 번역하면 어색하죠. '쉬운 일'은 something simple이라고 하면 되는데, 무엇만큼 쉬운지를 표현하기 위해 as ~ as를 넣어 something as simple as breathing이라고 했죠.

**4 I realized just how stiff my body had become. My legs felt as rigid as stone.**
| 내 몸이 돌처럼 굳어 있다는 걸 깨달았다. 다리를 뻗는데 정말 뻣뻣했다 |

stiff, rigid 모두 뻣뻣하고 굳은 상태를 표현하죠. '돌처럼 굳었다'라는 비유 표현은 영어에서도 통하므로, as rigid as stone이라고 할 수 있습니다.

## ⑤ The instructor reassured me with a smile, saying, "Everyone's like this at first."

| 강사님이 "처음엔 다 그래요"라고 웃으며 격려해주셔서 조금 안심이 됐다 |

reassure는 확신을 주고 걱정이나 불안을 덜어준다는 뜻이죠. 따뜻한 말로 긴장을 누그러뜨리고 안심을 시킨다고 할 때 적절한 단어입니다. '처음엔 누구나 그렇다'를 직역해서 Everyone's like this at first.라고 해도 잘 어울리죠. '누구나 다 그렇게 시작합니다'라는 뜻으로 Everyone starts out this way.라고 해도 좋습니다.

## ⑥ I kept losing my balance and nearly toppled over several times.

| 균형을 못 잡고 쓰러질 뻔하기를 몇 번 반복했다 |

lose one's balance는 말 그대로 '균형을 잃다'라는 뜻으로, 중심을 잡지 못하는 상황을 묘사합니다. 한 단어로 wobble이라고 해도 되죠. I kept wobbling.이라고 해도 '계속 흔들거렸다'라는 뜻으로 같은 말입니다. topple, 혹은 topple over가 쓰러진다는 뜻이죠. fall over라고 해도 좋습니다.

## ⑦ I felt oddly refreshed, as if my body had become lighter.

| 묘하게 개운했고 몸이 가벼워진 느낌이었다 |

refreshed는 '상쾌한', '개운한'이라는 뜻인데, oddly를 붙여 '예상 밖으로', '이유는 잘 모르겠지만'이라는 의미를 추가했죠. '마치 ~한 것처럼'은 as if ~로 표현하면 적절하고, 몸이 가벼워지는 모양은 body가 light해졌다고 쉽게 표현하면 됩니다.

## 8 If I stick with it, I'm sure I'll become more flexible and feel much calmer inside.

| 앞으로 꾸준히 다니면 유연성도 늘고 마음도 한결 차분해질 것 같다 |

stick with는 어떤 일을 포기하지 않고 계속한다는 뜻입니다. 스티커(sticker)가 지닌 '붙어 있다'라는 의미를 생각하면 이해가 쉽죠. flexible은 태도의 유연성과 신체의 유연성을 모두 묘사합니다. '마음이 차분해지다'는 곧 '내면'이 차분해지는 것이므로 feel much calmer inside처럼 표현할 수 있습니다.

## Quick Quiz

1 퇴근 후 바로 갔는데, 회사에서 쌓인 피로를 풀 수 있을까 기대가 컸다.

I went straight after work, hoping to ______ off the day's fatigue.

2 강사님은 밝고 유쾌한 분이어서 분위기가 좋았다.

The instructor was incredibly upbeat and cheerful, which really set the ______.

3 다리를 뻗는데 돌처럼 뻣뻣했다.

My legs felt as ______ as stone.

4 균형을 못 잡고 쓰러질 뻔하기를 몇 번 반복했다.

I kept losing my balance and nearly ______ over several times.

5 앞으로 꾸준히 다니면 유연성도 늘 것 같다.

If I ______ with it, I'm sure I'll become more flexible.

답 **1.** shake **2.** tone **3.** rigid **4.** toppled **5.** stick

# 1월14일

감기 기운에 하루 종일 힘들었다❸. 아침부터 목이 칼칼하고 머리가 무겁더니 으슬으슬한 느낌도 있었다❷. 회사일에 집중하기도 힘들었다. 날도 춥고 최근 며칠 좀 무리를 했더니 면역력이 많이 떨어진 것 같다❸. 요가를 시작하며 건강을 챙기려 했는데, 이렇게 쉽게 감기에 걸리니 조금 속상하다❹. 오후에 반차를 내고 퇴근할까 하다가❺ 따뜻한 차를 계속 마시고 비타민을 먹으며 버텼다❻. 면역력 관리의 중요성을 실감한 하루였다❼. 운동도 꾸준히 하고 충분히 쉬어야 면역력이 제 역할을 할 수 있을❽ 것이다. 오늘 하루는 힘들었지만, 따뜻하게 하고 일찍 푹 자면 내일은 나아지겠지❾. 건강의 중요성을 다시 한번 느끼는 계기였다 생각하고, 얼른 떨쳐내고 일어서야겠다❿.

I felt under the weather all day, as if a cold was coming on. My throat was scratchy from the moment I woke up, my head felt heavy, and I even had chills. It was hard to focus on work. The weather has been cold, and I've been overworking myself lately, so I guess my immune system has weakened. I started yoga to take better care of my health, so catching a cold this easily was a bit discouraging. In the afternoon, I even considered taking a half-day, but instead I powered through with warm tea and vitamins. Today really reminded me how important it is to boost my immunity. Regular exercise and proper rest are what keep my immune system functioning as it should. It was a tough day, but if I stay warm and get a good night's sleep, I will feel much better tomorrow. I'll take this as another reminder of how important health is, shake it off, and get back on my feet.

## ❶ I felt under the weather all day, as if a cold was coming on.

| 감기 기운에 하루 종일 힘들었다 |

under the weather는 '몸이 좋지 않다', '컨디션이 떨어진다'는 뜻으로, 감기 기운이 있거나 몸살 같은 상태임을 표현합니다. weather 때문에 날씨와 관련된 의미로 해석하지 않도록 주의해야 하죠. coming on이 '다가오다'라는 말이므로, as if a cold was coming on은 '감기가 막 시작되려는 것 같다'는 뜻이죠. 또, 감기 기운이 있는 상태를 come down with a cold라고 하므로, as if I was coming down with a cold라고 해도 '감기가 오려는지'라는 말입니다.

## ❷ My throat was scratchy from the moment I woke up, my head felt heavy, and I even had chills.

| 아침부터 목이 칼칼하고 머리가 무겁더니 으슬으슬한 느낌도 있었다 |

scratchy는 까슬까슬하고 따가운 느낌을 묘사하죠. 감기 초기에 느끼는 목의 불편함을 표현하기에 적절합니다. 머리가 무겁고 멍한 상태는 heavy로 표현하면 되고, chill이 서늘함을 일컫는 명사이므로, have chills는 으슬으슬 춥고 몸에 한기가 도는 느낌을 말합니다.

## ❸ I've been overworking myself lately, so I guess my immune system has weakened.

| 최근 며칠 좀 무리를 했더니 면역력이 많이 떨어진 것 같다 |

overwork oneself는 '과로하다'라는 뜻이죠. 일을 많이 한다는 의미의 '무리하다'를 표현하기에 적절합니다. '면역'은 immunity라고 하고, immune system은 '면역체계'를 일컫죠. My immune system has weakened.는 '면역력이 약해졌다'는 말입니다.

## ❹ I started yoga to take better care of my health, so

catching a cold this easily was a bit discouraging.
| 요가를 시작하며 건강을 챙기려 했는데, 이렇게 쉽게 감기에 걸리니 속상하다 |

take care of는 '처리하다', '신경쓰다'라는 뜻으로 광범위하게 쓰이죠. take better care of my health라고 하면, '내 건강을 더 챙긴다'라는 말이 됩니다. '속상하다'를 여기서는 discouraging으로 표현했는데, 낙담하고 의욕이 꺾인 모습을 가리키기에 적절합니다. disappointing, frustrating, disheartening 등이 모두 비슷한 의미입니다. 구어 표현으로 a bummer도 있는데, '실망하게 만드는 것'이라는 뜻이죠. Catching a cold this easily was kind of a bummer.라고 해도 좋습니다.

## ⑤ I even considered taking a half-day.
| 오후에 반차를 내고 퇴근할까 생각했다 |

'take 시간 off'가 특정 시간동안 일을 하지 않거나 휴가를 낸다는 뜻이죠. 반차이므로 take a half day off라고 해야 하는데, 구어에서는 off를 빼고 take a half-day라고 말하기도 합니다.

## ⑥ I powered through with warm tea and vitamins.
| 따뜻한 차를 계속 마시고 비타민을 먹으며 버텼다 |

power through는 의지로 버티며 (일을) 계속해 나간다는 뜻이죠. '관통'과 '완결'을 뜻하는 through의 의미가 잘 드러나는 표현입니다.

## ⑦ Today really reminded me how important it is to boost my immunity.
| 면역력 관리의 중요성을 실감한 하루였다 |

우리말로는 면역력 '관리'라고 했지만, 면역력을 높인다는 뜻의 boost my immunity로 표현해봤습니다. boost 자리에 strengthen, improve를 써도 면역력을 높인다는 말이 되죠.

### ❽ Regular exercise and proper rest are what keep my immune system functioning as it should.

| 운동도 꾸준히 하고 충분히 쉬어야 면역력이 제 역할을 할 수 있다 |

'기능하다'라는 뜻인 function은 면역력이 기능을 한다고 할 때도 적절한 동사입니다. as it should는 '원래 그래야 하는 대로'라는 뜻이죠. '제 역할을 하다'에 어울리는 표현입니다.

### ❾ If I stay warm and get a good night's sleep, I will feel much better tomorrow.

| 따뜻하게 하고 일찍 푹 자면 내일은 나아질 거다 |

get a good night's sleep은 충분히 잔다는 뜻으로 가장 일반적인 표현입니다. sleep well보다 더 자주 들을 수 있죠. '컨디션이 좋아지다'를 가장 쉽게 표현하는 방법이 feel better입니다. much를 넣으면 '상태가 눈에 띄게 좋아지다'라고 표현하죠.

### ❿ I'll shake it off and get back on my feet.

| 얼른 떨쳐내고 일어설 거다 |

앞서 요가 관련 일기에 등장했던 shake off를 활용하고 있죠. 감기 기운을 털어내고 다시 가벼워지겠다는 의미로 활용하고 있습니다. get back on my feet는 넘어지거나 흔들린 상태에서 다시 일어선다는 말인데, 비유적으로 '정신적 회복'과 '재정비'를 표현합니다. 여기처럼 '다시 일어서다'라고 할 때 잘 어울리죠.

## Quick Quiz

1 감기 기운에 하루 종일 힘들었다.

I felt under the weather all day, as if a cold was ______ on.

2 목이 칼칼하고 머리가 무겁더니 으슬으슬한 느낌도 있었다.

My throat was ______, my head felt heavy, and I even had ______.

3 최근 며칠 좀 무리를 했더니 면역력이 많이 떨어진 것 같다.

I've been ______ myself lately, so I guess my immune system has weakened.

4 따뜻한 차를 계속 마시고 비타민을 먹으며 버텼다.

I ______ through with warm tea and vitamins.

5 따뜻하게 하고 일찍 푹 자면 내일은 나아질 거다.

If I stay warm and get a ______ night's sleep, I will feel much better tomorrow.

답 **1.** coming **2.** scratchy, chills **3.** overworking **4.** powered **5.** good

# 2월 1일

서른 살로 산 지 딱 한 달이 되었다. 한 달 동안의 나 자신을 돌아볼 때 솔직히 특별한 느낌은 없다❶. 서른이라는 숫자가 처음엔 무겁게 느껴졌지만, 막상 서른이 되고 보니 그저 또 다른 숫자일 뿐이다❷. 20대가 끝났으니 뭔가 달라야 한다는 압박은 내려놓고 싶다❸. 서른이 되었으니 어떤 모습을 보여야 한다고 생각하기보다는, 조금 더 차분하게 내 삶을 주도적으로 바라보면서❹ 지금까지 해온 것들을 차근차근 이어가는❺ 게 중요할 것 같다. 부담감으로 시작한 서른 살의 첫 달❻은 그렇게 지나갔고, 앞으로 올 시간들은 더 가볍게 받아들이고❼ 싶다. 나이는 숫자일 뿐, 내가 어떤 마음으로 하루하루를 사느냐가 더 중요하다❽.

It's been a full month since I entered my thirties. When I look back on the past month, nothing feels dramatically different. Thirty sounded heavy at first, but once I actually got here, it turned out to be just another number. I want to let go of the pressure that things must somehow be different just because my twenties are over. Instead of thinking I need to behave a certain way now that I'm thirty, I'd rather stay calm, take charge of my life, and keep building on what I've been doing so far. The first month of thirty, which began with a bit of weight on my shoulders, has quietly passed. From here on, I want to greet each day with a lighter heart. Age is just a number. What truly matters is the mindset with which I live each day.

❶ **When I look back on the past month, nothing feels dramatically different.**
| 한 달 동안의 나 자신을 돌아볼 때 솔직히 특별한 느낌은 없다 |

look back on은 지나간 시간을 되돌아본다는 말이죠. 무엇을 돌아보는지 말할 때는 on을 생략하지 않도록 주의해야 합니다. Nothing feels dramatically different.는 말 그대로 '드라마틱한 변화는 느껴지지 않는다'는 뜻이죠. dramatically 대신 '두드러지게'라는 뜻을 지닌 noticeably, significantly 같은 부사를 써도 좋습니다.

---

❷ **Once I actually got here, it turned out to be just another number.**
| 막상 서른이 되고 보니 그저 또 다른 숫자일 뿐이다 |

got here는 '장소'가 아니라 '나이'라는 '시점'에 도달했다는 비유적 표현이죠. turn out이 드러난 결과를 말할 때 쓰이므로, It turned out to be just another number.는 '결국 또 다른 숫자임이 드러났다' 즉 '또 다른 숫자일 뿐이다'라는 말이 됩니다.

---

❸ **I want to let go of the pressure that things must somehow be different.**
| 뭔가 달라야 한다는 압박은 내려놓고 싶다 |

let go of는 무언가를 떠나보낸다는 뜻이죠. let something go가 아니라 let go of something처럼 something이 go 뒤에 오면 of를 붙여 말합니다. 압박을 떠나보내는 것이므로 let go of the pressure라고 했습니다.

---

❹ **I'd rather stay calm and take charge of my life.**
| 차분하게 내 삶을 주도적으로 바라볼 거다 |

차분하고 침착한 태도를 계속 유지할 거라는 뜻이므로 stay calm이라고 표현할 수 있죠. take charge가 책임을 지거나 통제한다는 의미이므로, take charge of my life는 내 삶을 스스로 주도한다는 말이 됩니다.

### ❺ keep building on what I've been doing so far
| 지금까지 해온 것들을 차근차근 이어가다 |

'지금까지 해온 것들을 이어가다'는 '지금까지 한 것들 뒤에 더 쌓아가다'라는 말이므로 keep building on what I've been doing so far라고 하면 적절합니다. 시작한 것을 계속한다는 의미로 continue what I've already begun, 노력한 것들을 계속한다는 의미로 continue what I've been working on이라고 해도 좋습니다.

### ❻ the first month of thirty, which began with a bit of weight on my shoulders
| 부담감으로 시작한 서른 살의 첫 달 |

a bit of weight on my shoulders는 '어깨에 약간의 무게가 실렸다'로 직역할 수 있는데, 책임감이나 부담감을 일컫는 표현이죠. burden 말고 weight로 '부담'을 표현하고 있습니다.

### ❼ From here on, I want to greet each day with a lighter heart.
| 앞으로 올 시간들은 더 가볍게 받아들이고 싶다 |

from here on은 '여기부터', '지금부터'라는 뜻이죠. 영어에서는 동일한 표현이 공간과 시간 모두에 쓰이는 경우가 많습니다. greet each day는 하루하루를 맞이한다는 말이고, with a lighter heart는 우리말 '가벼운 마음으로'에 해당하는 표현입니다.

## 8 What truly matters is the mindset with which I live each day.

| 내가 어떤 마음으로 하루하루를 사느냐가 더 중요하다 |

matter가 중요하다는 뜻이므로, what truly matters는 '가장 중요한 것은' 이라는 의미죠. 어떤 마음으로 살아간다고 할 때 live with a certain mindset처럼 with를 활용하므로, 관계대명사를 쓸 때도 the mindset with which I live each day처럼 which 앞에 with가 있어야 합니다.

## Quick Quiz

1 뭔가 달라야 한다는 압박은 내려놓고 싶다.

I want to let go ______ the pressure that things must somehow be different.

2 내 삶을 주도적으로 바라보면서 지금까지 해온 것들을 차근차근 이어갈 거다.

I'd rather take ______ of my life, and keep building on what I've been doing so far.

3 부담감으로 시작한 서른 살의 첫 달

the first month of thirty, which began with a bit of ______ on my shoulders

4 앞으로 올 시간들은 더 가볍게 받아들이고 싶다.

From here on, I want to greet each day with a lighter ______.

5 내가 어떤 마음으로 하루하루를 사느냐가 더 중요하다.

What truly matters is the ______ with which I live each day.

답 **1.** of **2.** charge **3.** weight **4.** heart **5.** mindset

# 2월10일

사회 초년생 시절에는 부탁을 받으면 항상 "네, 해볼게요"라고 했다❶. 조직의 막내로서 매사에 적극적이어야 한다는 생각❷ 때문이었다. 하지만 요즘은 부탁을 들어주는 것이 결국 나를 소모시키는 일이라는❸ 생각을 한다. 얼마 전에도 갑자기 다른 부서에서 부탁을 받았는데, 지금 맡은 일부터 마무리해야 한다고 말하고 거절했다❹. 나로서는 용기를 낸 것인데, 막상 상대는 담담하게 "알겠다"고 하고❺ 끝이었다. 거절이 내가 걱정했던 것만큼 큰일은 아니었던❻ 셈이다. 그 때 다시 한 번 생각했다. 거절은 관계를 끊는 행동이 아니라❼, 오히려 관계를 건강하게 유지하기 위해 필요하다고. 거절할 땐 거절하고 내 자신을 지켜야❽, 정말 필요할 때 다른 사람을 도울 수도 있을 것이다. 현명한 거절이 나를 지키고 조직을 지키는 길일지도❾ 모른다.

In my early years at work, whenever someone asked for help, my automatic response was, "Yes, I'll try." As the youngest on the team, I felt I had to be enthusiastic about everything. But these days, I often feel that doing favors for others ultimately drains me. Just the other day, someone from another department suddenly asked for help, and I told him I needed to finish my current responsibilities first and declined. While it took courage for me to say no, the person simply replied, "Okay." It turned out that saying no wasn't nearly as big of a deal as I had feared. I was reminded once more that refusing a request isn't the same as cutting off a relationship. In fact, it's often essential for keeping relationships healthy. By saying no when necessary and protecting my own boundaries, I'll be better able to support others when my help is truly needed. A wise refusal might be what protects both me and the organization.

1 **In my early years at work, whenever someone asked for help, my automatic response was, "Yes, I'll try."**

| 사회 초년생 시절에는 부탁을 받으면 항상 "네, 해볼게요"라고 했다 |

일을 막 시작한 초년생 시절을 in my early years at work라고 했죠. '일을 시작하던 때'를 강조해서 when I was just starting work처럼 표현해도 좋습니다. '거의 자동적으로' 해보겠다고 답했다는 의미에서 automatic response라고 했습니다. automatically도 회화에 활용할 수 있는 유용한 부사죠. 가령 He automatically replied with a polite thank you.라고 하면, '그는 항상 공손히 고맙다고 답했다'라는 말입니다.

2 **As the youngest on the team, I felt I had to be enthusiastic about everything.**

| 조직의 막내로서 매사에 적극적이어야 한다는 생각 때문이었다 |

누군가가 팀에 속해 있다고 할 때 in the team보다는 on the team처럼 전치사 on을 쓰는 것이 자연스럽습니다. 팀에서 가장 어리다는 의미로 as the youngest on the team이라고 했죠. enthusiastic이 열정적이라는 뜻이므로, be enthusiastic about everything은 모든 일에 열정적이고 적극적으로 임한다는 의미를 강조합니다.

3 **I often feel that doing favors for others ultimately drains me.**

| 부탁을 들어주는 것이 결국 나를 소모시키는 일이라는 생각을 한다 |

액체가 빠져나간다는 말인 drain은 '에너지를 고갈시키다', '기력을 빼앗다'라는 뜻으로 쓰이죠. 우리말 '소모시키다'와 잘 맞습니다. ultimately는 '결국', '최종적으로'라는 의미를 강조하죠. '다른 사람들의 부탁을 들어주는 것'을 여기서는 doing favors for others라고 했는데, 간단히 help others, 혹은 do things for others처럼 말할 수도 있습니다.

## ❹ I told him I needed to finish my current responsibilities first and declined.

| 지금 맡은 일부터 마무리해야 한다고 말하고 거절했다 |

'책임'을 뜻하는 responsibility는 '직장에서 맡은 업무'를 가리키는 말로도 잘 쓰입니다. task, work, assignment와 같은 의미죠.

## ❺ While it took courage for me to say no, the person simply replied, "Okay."

| 나로서는 용기를 낸 것인데, 막상 상대는 담담하게 "알겠다"고 하고 끝이었다 |

여기서 take는 '~를 필요로 하다'라는 뜻이죠. It takes patience to study English(영어를 공부하려면 인내가 필요하다).의 take와 쓰임이 같습니다. 그냥 '용기를 내다'라고만 말할 때에는 muster courage, work up courage처럼 표현합니다.

## ❻ It turned out that saying no wasn't nearly as big of a deal as I had feared.

| 거절이 내가 걱정했던 것만큼 큰일은 아니었던 셈이다 |

wasn't nearly as big of a deal은 '그렇게 큰일은 아니었다'라는 뜻으로, wasn't as serious as I thought(생각한 만큼 심각하지 않았다)처럼 말할 수도 있죠. big of a deal에서 of가 왜 들어가는지 의문이 생길 수 있습니다. 원래 It's a big deal.처럼 big 앞에 부정관사 a를 넣는데, It's as big a deal as we expected.처럼 as가 나오는 경우, big과 a의 순서가 바뀌게 됩니다. 이때 미국 영어에서는 big과 a사이에 of를 넣는 경우가 많습니다. 반드시 그래야 하는 것은 아닌데, of를 넣어 말하는 사람들이 많죠. 예를 들어 '그리 큰 문제가 아니었다'도 It's not that big of a problem.이라고 하는데, that 때문에 big과 a의 순서가 바뀔 때 of를 넣은 것입니다.

### ❼ Refusing a request isn't the same as cutting off a relationship.

| 거절은 관계를 끊는 행동이 아니다 |

인간관계를 단절한다는 뜻으로 cut off를 활용하고 있죠. 대신 end a relationship, sever ties, break off a relationship처럼 다양하게 표현할 수 있습니다. sever는 자른다는 뜻의 동사죠.

### ❽ by saying no when necessary and protecting my own boundaries

| 거절할 땐 거절하고 내 자신을 지킴으로써 |

'나 자신을 지키는 것'을 protect my own boundaries, 즉 '내 경계를 지키는 것'이라고 표현했죠. 타인이 내 '경계선'을 넘지 못하게 지킨다는 맥락이므로 boundary를 활용했습니다. 달리 maintaining my boundaries, safeguarding my personal space(개인 공간을 지키다)처럼 표현할 수도 있습니다.

### ❾ A wise refusal might be what protects both me and the organization.

| 현명한 거절이 나를 지키고 조직을 지키는 길일지도 모른다 |

자신과 조직 모두를 지키는 길이라는 의미로 both를 활용하고 있는데, me as well as the organization, not only me but also the organization처럼 표현할 수도 있습니다. '둘 다'라는 의미를 강조하는 as well as나 not only A but also B 구문을 활용하는 거죠.

## Quick Quiz

1 조직의 막내로서 매사에 적극적이어야 한다고 느꼈다.

As the youngest ________ the team, I felt I had to be ________ about everything.

2 부탁을 들어주는 것이 결국 나를 소모시키는 일이라고 생각한다.

I think that doing favors for others ultimately ________ me.

3 지금 맡은 일부터 마무리해야 한다 말하고 거절했다.

I told him I needed to finish my current ________ first and declined.

4 나로서는 용기를 낸 것이었다.

It ________ courage for me to say no.

5 거절할 땐 거절하고 내 자신을 지킴으로써

by saying no when necessary and protecting my own ________

답 **1.** on, enthusiastic **2.** drains **3.** responsibilities **4.** took **5.** boundaries

# 2월21일

오랜만에 소개팅을 했다❶. 꼭 하고 싶어서라기보다❷ Why not?이라는 자세로 나간 자리였다. 외모는 내 스타일이 아니었다❸. 나보다 2살 더 많다는데, 훨씬 나이가 들어 보여서 약간 실망스러웠지만, 얘기를 나눌수록 괜찮다는 느낌이 커졌다. 내 이야기를 진심으로 들어주는 점이 좋았고❹, 약간 경직된 인상인데 웃을 때는 표정이 따뜻해서 그 점도 나를 편하게❺ 해줬다. 사실 20대와 같은 기준으로 사람을 평가할 수는 없다❻. 물론 내가 좋아하는 외모는 변하지 않지만❼, 지금은 20대 때 보다는 '대화가 통하는가'와 '진실한 사람인가'를❽ 더 생각해 보게 된다. 전반적으로 '괜찮다'라는 생각을 하면서 집으로 왔다❾. 내 마음은 반반이다. 지금 남자친구를 사귈 생각이 별로 없어서 그런지 모르겠지만, 그냥 나쁘지는 않았다는 정도? 나쁘지 않았으니 몇 번 더 만나봐야겠다❿.

I went on a blind date for the first time in a while. It wasn't something I was eager for. I just went with a "Why not?" attitude. He wasn't really my type physically. He was two years older than me, but he looked quite a bit older, which was a little disappointing. However, as we talked, I started to feel that he was actually quite a nice person. I appreciated how sincerely he listened. His expression was a little stiff, but his warm smile put me at ease. Honestly, I can't judge people by the same standards I had in my twenties. My taste in appearance hasn't changed, of course, but I now pay more attention to whether the conversation flows naturally and whether the person is genuine. I headed home thinking he was "pretty decent." My feelings are fifty-fifty. Maybe because I'm not really looking for a boyfriend right now, but I'd say he was "not bad." Since there were no red flags, I think I'm open to meeting him a few more times.

## ❶ I went on a blind date for the first time in a while.
| 오랜만에 소개팅을 했다 |

'오랜 기간 중 처음'으로 직역할 수 있는 for the first time in a while은 '오랜만에'에 해당하는 영어 표현이죠. '소풍을 가다'를 go on a picnic이라고 하듯, '소개팅 하다'는 go on a blind date라고 합니다.

## ❷ It wasn't something I was eager for.
| 꼭 하고 싶어서는 아니었다 |

be eager for는 적극적으로 기대하거나 열망한다는 뜻입니다. not something I was eager for처럼 not을 붙여 소개팅이 특별히 원했던 이벤트는 아니었음을 강조하고 있죠.

## ❸ He wasn't really my type physically.
| 외모는 내 스타일이 아니었다 |

누군가가 자신의 선호나 이상형에 맞는지를 말할 때 my type을 활용하면 됩니다. '외모적인 측면에서'는 physically라고 표현할 수 있죠. 위 문장은 달리 His appearance wasn't quite my type(외모는 내 타입이 아니었다). 혹은 I wasn't very drawn to his appearance(외모에는 끌리지 않았다).라고 해도 좋습니다.

## ❹ I appreciated how sincerely he listened.
| 내 이야기를 진심으로 들어주는 점이 좋았다 |

sincerely를 넣어 진심 어린 태도임을 강조하고 있죠. appreciate는 '고마움을 느끼다', '가치를 깊이 느끼다'라는 뜻입니다. 진심으로 들어주는 태도가 마음에 들었다는 뜻으로 활용하고 있습니다.

### 5 His expression was a little stiff, but his warm smile put me at ease.

| 약간 경직된 인상인데 웃을 때는 표정이 따뜻해서 나를 편하게 해줬다 |

뻣뻣하거나 딱딱하다는 뜻의 stiff는, 표정이 굳어 있거나 경직된 인상을 표현하기에도 적절합니다. 따뜻한 미소는 warm 대신 gentle, kind, soft, friendly를 써도 잘 어울리죠. at ease가 편안한 상태를 가리키므로, put me at ease는 나를 편안하게 해주었다는 말이 됩니다.

### 6 I can't judge people by the same standards I had in my twenties.

| 20대와 같은 기준으로 사람을 평가할 수는 없다 |

'기준'이나 '잣대'는 standard로 표현하면 되는데, 전치사 by와 함께 쓰입니다. 그래서 by the same standards는 '동일한 기준으로'가 되죠.

### 7 My taste in appearance hasn't changed.

| 내가 좋아하는 외모는 변하지 않았다 |

taste가 '취향'을 뜻하므로, my taste in appearance는 '외모 취향'을 말하죠. '선호'를 뜻하는 preference를 활용해 My preferences in appearance are still the same(외모와 관련된 나의 선호는 그대로다).이라고 해도 좋습니다.

### 8 whether the conversation flows naturally and whether the person is genuine

| 대화가 통하는가, 진실한 사람인가 |

동사 flow를 활용해 대화가 물 흐르듯 부드럽게 이어지는 느낌을 표현하고 있죠. 모조품이 아니라 진품임을 가리킬 때 쓰는 genuine은 사람이 진실되고 진솔하다는 뜻도 지닙니다.

## 9 I headed home thinking he was "pretty decent."

| 전반적으로 '괜찮다'라는 생각을 하면서 집으로 왔다 |

decent는 '아주 뛰어나진 않지만 전반적으로 꽤 괜찮다' 정도 뉘앙스를 표현합니다. 사물이든 사람이든 '꽤 괜찮다'고 할 때 폭넓게 쓰이죠. decent job, decent amount(꽤 많은 액수), decent person, decent salary(꽤 많은 월급), decent meal(적당히 좋은 식사)처럼 여러 단어와 어울립니다.

## 10 Since there were no red flags, I think I'm open to meeting him a few more times.

| 나쁘지 않았으니 몇 번 더 만나봐야겠다 |

'붉은 깃발'이라는 뜻인 red flags은 '경고'라는 뜻입니다. 주의를 끌고 경고를 해야 할 때 붉은 깃발을 흔드는 데서 유래한 표현이죠. no red flags라고 하면 '경고의 메시지를 보내지 않았다', 즉 '딱히 이상하거나 문제되는 점이 없었다'는 말입니다. 예를 들어 Looking back, all the red flags were there from the start.라고 하면, '돌이켜보면, 처음부터 안 좋은 조짐들이 있었어'라는 뜻입니다.

## Quick Quiz

1 오랜만에 소개팅을 했다.

I went on a blind date for the first time in a ______.

2 외모는 내 스타일이 아니었다.

He wasn't really my type ______.

3 내 이야기를 진심으로 들어주는 점이 좋았다.

I ______ how sincerely he listened.

4 약간 경직된 인상인데 웃을 때는 표정이 따뜻해서 나를 편하게 해줬다.

His expression was a little stiff, but his warm smile ______ me at ease.

5 나쁘지 않았으니 몇 번 더 만나봐야겠다.

Since there were no ______ ______, I think I'm open to meeting him a few more times.

답 **1.** while **2.** physically **3.** appreciated **4.** put **5.** red, flags

# 3월4일

퇴근하고 마트에 들러 먹을 것들을 좀 샀더니 몇 만 원이 훌쩍 넘는다❶. 예전엔 같은 금액이면 이것저것 꽤 담았던 것 같은데, 이제는 어림도 없다❷. 내 월급만 빼고 다 오른다는 말을 실감하는❸ 순간이었다. 점심도 만 원 밑으로는 먹을 만한 게 없다❹. 이러다가는 저축은커녕❺ 매달 카드값 맞추기도 빠듯해질❻ 것 같다. 회사 몰래 투잡을 뛰는 것도 불가능하고❼, 그렇다고 공격적인 투자로 높은 투자 수익을 올린다는❽ 것도 어렵고, 결국 허리띠를 더 졸라 매야 하는 건가? 생활비가 점점 많이 드니, 집장만은 말할 것도 없고❾ 결혼이나 출산은 점점 더 먼 이야기처럼❿ 느껴진다. 물가가 그만 좀 올랐으면⓫ 좋겠다.

After work, I stopped by the supermarket to pick up a few groceries, and the total easily came out to several tens of thousands of won. That same amount used to fill my basket, but those days are gone. It was one of those moments when I truly felt that everything has gone up except my salary. Finding a decent lunch for under 10,000 won has also become impossible. At this rate, saving money feels unrealistic. Even keeping up with my monthly credit card bill might become a struggle. Taking on a secret side job isn't a viable option, and aiming for high returns through risky investments feels just as unrealistic. So, does that mean I just have to tighten my belt even more? With living expenses rising so quickly, owning a home feels out of reach, and even marriage or having children feels like a distant dream. I really wish prices would stop going up.

**1** **The total easily came out to several tens of thousands of won.**
| 몇 만 원이 훌쩍 넘는다 |

come out to는 계산 결과가 얼마가 되었다고 할 때 쓰는 표현입니다. 몇 만 원이므로 several tens of thousands of won(수십 천원)이라고 했죠. '손쉽게' 몇 만원을 넘는다는 의미에서 easily를 추가했습니다.

**2** **That same amount used to fill my basket, but those days are gone.**
| 예전엔 같은 금액이면 이것저것 꽤 담았던 것 같은데, 이제는 어림도 없다 |

fill my basket은 장바구니를 채운다는 뜻이죠. '그런 시절은 지났다'는 의미에서 Those days are gone.이라고 했습니다. Those days are long over(오래 전에 끝났다). Those days are behind me now(과거가 되었다).처럼 표현할 수도 있죠.

**3** **I truly felt that everything has gone up except my salary.**
| 내 월급만 빼고 다 오른다는 말을 실감했다 |

우리말을 그대로 옮겨 위와 같이 표현해도 자연스럽습니다. 가격이 오른다는 뜻의 동사도 다양한데, 쉽게 go up이라고 해도 좋죠. 위 문장은 The cost of everything has increased, but my pay stayed the same.처럼 '내 월급은 그 자리에 있다'라고 해도 잘 어울립니다.

**4** **Finding a decent lunch for under 10,000 won has also become impossible.**
| 점심도 만 원 밑으로는 먹을 만한 게 없다 |

앞서 설명한 decent를 활용해 '그럭저럭 만족스러운 점심'을 표현하고 있죠. 문장 구조를 바꿔 You can't get a decent lunch for under 10,000 won these days.처럼 말해도 좋습니다.

## ⑤ At this rate, saving money feels unrealistic.

| 이러다가는 저축은 어렵게 된다 |

at this rate는 '이런 속도라면'이라는 뜻이죠. '지금과 같은 상황이 계속된다면', '이 추세라면'이라고 할 때 유용합니다. at this pace, at this speed도 같은 말입니다. '가능하지 않은 일'은 '비현실적(unrealistic)이다'라고 표현할 수 있죠.

## ⑥ Even keeping up with my monthly credit card bill might become a struggle.

| 매달 카드값 맞추기도 빠듯해질 것 같다 |

keep up with는 꾸준히 따라가거나 유지한다는 의미죠. '카드값'이나 '생활비'는 '카드 고지서'를 뜻하는 credit card bill로 표현할 수 있습니다. 명사 struggle은 매우 힘들고 애써 버텨내야 하는 일을 말할 때 유용하죠.

## ⑦ Taking on a secret side job isn't a viable option.

| 회사 몰래 투잡을 뛰는 건 불가능하다 |

take on은 일을 떠맡거나 책임을 진다는 뜻의 구동사입니다. side job이 부업을 뜻하므로 take on a side job이 투잡을 뛴다는 뜻이 되죠. work an additional job도 같은 뜻이고, 구어 표현으로는 have a side hustle도 있습니다. '공연'을 뜻하는 gig이 '직업'도 의미하기 때문에, take on side gigs도 같은 말이 되죠. viable은 실행 가능하다는 뜻이므로, viable option은 '실행 가능한 옵션'을 일컫습니다.

## ⑧ aiming for high returns through risky investments

| 공격적인 투자로 높은 투자 수익을 올린다는 것 |

aim for는 어떤 것을 목표로 한다는 뜻입니다. '수익률'은 return이므로, aiming

for high returns는 '고수익을 목표로 투자한다'는 말이 되죠. unrealistic 대신 앞서 나온 viable을 활용해 non-viable option이라고 해도 좋습니다.

### 9 With living expenses rising so quickly, owning a home feels out of reach.

| 생활비가 점점 많이 드니, 집장만은 어렵다 |

feel out of reach는 '손이 닿지 않는다'는 뜻이죠. 비유적으로 '가능성이 멀게 느껴진다', '현실적으로는 매우 어렵다'는 의미가 됩니다. impossible이나 unlikely 대신 활용하면 되죠.

### 10 Even marriage or having children feels like a distant dream.

| 결혼이나 출산은 먼 이야기처럼 느껴진다 |

멀게 느껴지고 현실감이 없는 꿈이라는 의미에서 distant dream라고 했죠. 비슷한 의미로 dream 앞에 붙이는 단어도 다양한데, far-off dream, elusive dream은 당장 실현될 가능성이 낮다는 뜻이고, pipe dream은 실현 가능성이 전혀 없을 때 쓰는 표현입니다. pipe는 아편을 피우는 파이프를 일컫죠. 아편을 피우고 꾸는 꿈은 실현 가능성이 없기 때문에 나온 말입니다.

### 11 I really wish prices would stop going up.

| 물가가 그만 좀 올랐으면 좋겠다 |

'물가'는 price의 복수형 prices로 표현하면 됩니다. 그만 오르면 좋겠다는 소망을 표현하므로 I wish로 문장을 시작했고, 소망하는 내용에는 조동사 would를 넣었습니다. 가정법 형식에 맞춘 문장이죠.

## Quick Quiz

1 예전엔 같은 금액이면 이것저것 꽤 담았는데, 이제는 어림도 없다.
That same amount used to fill my basket, but those days are ______.

2 점심도 만 원 밑으로는 먹을 만한 게 없다.
Finding a ______ lunch for under 10,000 won has also become impossible.

3 이러다가는 저축은 어렵게 된다.
At this ______, saving money feels unrealistic.

4 투잡을 뛰는 건 불가능하다.
Taking on a secret side job isn't a ______ option.

5 생활비가 점점 많이 드니, 집장만은 어렵다.
With living expenses rising so quickly, owning a home feels out of ______.

답 **1.** gone **2.** decent **3.** rate **4.** viable **5.** reach

# 3월14일

아침부터 따뜻한 햇살에 봄이 성큼 다가왔음을 실감했다❶. 외출 준비를 하다가 문득 옷장이 너무 꽉 찼다는 생각이 들어서 봄맞이 옷장 정리를 했다❷. 겨울 내내 입었던 두꺼운 코트와 니트를 차곡차곡 접어 넣으니❸ 공간이 조금 넉넉해졌지만, 막상 보니 봄에 입을 만한 옷이 별로 없었다. 예전에는 충동구매로 옷을 사서 후회한 적도 있었지만❹, 꼭 필요하고 활용도가 높은 옷만 사기로 했다. 기본 셔츠나 블레이저처럼 회사에서도 입고 주말에도 활용할 수 있는 옷을❺ 중심으로 사는 게 좋을 것 같다. 옷을 정리하다 보니 나 자신도 새로워진 느낌이 들었다❻. 계절이 바뀔 때마다 이렇게 정리하는 과정이 기분을 바꿔 주는❼ 것 같다. 봄을 맞이하는 설렘과 내 자신이 새로워진 느낌을 함께 느낄❽ 수 있는 날이었다.

The warm sunlight this morning made me feel that spring was just around the corner. While getting ready to go out, I suddenly realized my closet was way too full, so I decided to do some spring cleaning. After neatly folding and putting away the thick coats and knits I had worn all winter, the closet finally had a bit more space. But I also noticed I didn't have many clothes for spring. I used to buy clothes on impulse and regret it later, but I've decided to buy only what I truly need and will actually wear. I think it's better to focus on the basics—shirts or blazers that work for both the office and weekends. While organizing my clothes, I felt like I was refreshing myself as well. Tidying up at the turn of each season really lifts my mood. It was a day that left me genuinely excited to welcome spring and feeling completely renewed.

## ❶ The warm sunlight this morning made me feel that spring was just around the corner.

| 아침부터 따뜻한 햇살에 봄이 성큼 다가왔음을 실감했다 |

'바로 모퉁이를 돌면 있다'는 뜻인 just around the corner는 시간적, 공간적으로 아주 가까움을 나타내죠. 봄이 다가왔다고 할 때도 유용한 표현입니다. 달리 Spring is just ahead(바로 앞에 있다). Spring is close at hand(손에 잡힐 듯 가까이 있다). Spring is fast approaching(빨리 다가오고 있다)라고 해도 좋습니다.

## ❷ I decided to do some spring cleaning.

| 봄맞이 옷장 정리를 했다 |

spring cleaning은 계절이 바뀔 때, 특히 봄을 맞아 대대적으로 정리나 청소를 하는 것을 말합니다. 반드시 봄이 아니더라도 쓸 수 있는 관용 표현이죠. seasonal cleaning처럼 표현해도 됩니다.

## ❸ after neatly folding and putting away the thick coats and knits I had worn all winter

| 겨울 내내 입었던 두꺼운 코트와 니트를 차곡차곡 접어 넣으니 |

옷을 접거나 개는 것을 fold라고 하죠. put away는 널려 있는 것을 한쪽으로 모아 치우는 것을 말합니다. put away the toys(장난감을 치우다)가 대표적인 표현이죠.

## ❹ I used to buy clothes on impulse and regret it later.

| 예전에는 충동구매로 옷을 사서 후회한 적도 있었다 |

impulse가 '충동'을 말하므로, buy ~ on impulse는 충동적으로 구매한다는 뜻입니다. '충동구매'는 impulse buying이라고 하죠.

### 5 I think it's better to focus on the basics – shirts or blazers that work for both the office and weekends.

| 기본 셔츠나 블레이저처럼 회사에서도 입고 주말에도 활용할 수 있는 옷을 중심으로 사는 게 좋다 |

focus on the basics은 말 그대로 기본을 중시한다는 뜻이죠. 옷과 관련된 경우가 아니어도 쓸 수 있는 표현입니다. 각종 의복의 영어 명칭은 우리가 쓰는 외래어와 다른 경우가 많습니다. blazer는 우리가 흔히 '자켓' 혹은 '마이'라고 부르는 정장풍의 상의를 일컫습니다. 그 옷이 회사나 주말 활동 모두에 쓸모가 있으므로 work for both the office and weekends처럼 동사 work로 표현했죠.

### 6 While organizing my clothes, I felt like I was refreshing myself as well.

| 옷을 정리하다 보니 나 자신도 새로워진 느낌이 들었다 |

물건을 정리하는 것도 organize라고 합니다. refresh가 새롭게 한다는 뜻이므로, I was refreshing myself.는 나 자신을 새롭게 한다는 말이 됩니다.

### 7 Tidying up at the turn of each season really lifts my mood.

| 계절이 바뀔 때마다 이렇게 정리하는 과정이 기분을 바꿔 주는 것 같다 |

organize처럼 '정리하다'라는 뜻으로 쓰는 구동사가 tidy up이죠. 단정하다는 뜻을 지닌 tidy를 동사로 바꿔 구동사로 활용한 것입니다. '기분'은 mood라고 하면 되는데, 기분이 좋아지게 만드는 것은 들어올린다는 뜻의 lift를 활용해 표현할 수 있습니다.

### 8 It was a day that left me genuinely excited to welcome spring and feeling completely renewed.

| 봄을 맞이하는 설렘과 내 자신이 새로워진 느낌을 함께 느낄 수 있는 날이었다 |

우리에게 익숙한 excited, excitement는 '설렘'을 표현하기에도 적절한 단어입

니다. left me genuinely excited에 쓰인 동사 leave는 어떤 상태로 만든다는 뜻을 지니죠. 목적어 me와 목적보어 excited를 지니는 소위 5형식 문형을 이끕니다. 새롭게 만든다는 뜻인 renew의 과거분사 renewed는 우리말 '새로워진'에 잘 어울립니다.

## Quick Quiz

1 아침부터 따뜻한 햇살에 봄이 성큼 다가왔음을 실감했다.
The warm sunlight this morning made me feel that spring was just around the ______.

2 겨울 내내 입었던 두꺼운 코트와 니트를 차곡차곡 접어 넣으니
after neatly folding and ______ away the thick coats and knits I had worn all winter

3 예전에는 충동구매로 옷을 사서 후회한 적도 있었다.
I used to buy clothes on ______ and regret it later.

4 옷을 정리하다 보니 나 자신도 새로워진 느낌이 들었다.
While ______ my clothes, I felt like I was refreshing myself as well.

5 계절이 바뀔 때마다 정리하는 과정이 기분을 바꿔 준다.
______ up at the turn of each season really lifts my ______.

답 **1.** corner **2.** putting **3.** impulse **4.** organizing **5.** Tidying, mood

# 3월20일

하늘이 뿌옇다❶. 미세먼지의 계절이 또 돌아왔다. 출근길에 사람들을 보니 거의 마스크를 쓰고 있었다. 어릴 땐 마스크를 쓰면 감기 환자처럼 보였는데, 코로나를 겪은 후, 이제는 마스크가 생활의 일부처럼❷ 되었다. 요즘은 마스크 색상에도 신경쓰는 사람들이 꽤 많다. 지하철 안에서 다양한 색상과 디자인의 마스크를 보면, 마스크를 패션 아이템처럼 생각하는 사람들이 많은❸ 것 같다. 하긴, 얼굴의 반 이상을 마스크가 차지하는데, 사람 만나면 가장 먼저 눈에 들어오는 게 마스크❹ 아닌가. 그래서 나도 색깔 있는 마스크를 착용해 봤는데, 거울을 보며 마스크와 코트가 잘 어울린다는❺ 생각을 했다. 마스크를 쓰고 있자니 하루 종일 답답했지만❻, 그래도 건강을 위해 어쩔 수 없다❼. 내일은 또 다른 색상의 마스크를 챙겨서 기분 전환을❽ 해봐야겠다.

The sky is hazy again. The season of fine dust has returned. On my way to work, I noticed that almost everyone was wearing a mask. When I was a kid, wearing a mask meant you had a cold, but after COVID, masks have become a natural part of everyday life. People even pay attention to mask colors now. Seeing the variety of colors and designs on the subway, I find it clear that people now use them to express their style. It makes sense. Since a mask covers more than half your face, it's often the first thing people notice. I tried a colored mask today, and when I looked in the mirror, I thought it matched nicely with my coat. Wearing a mask all day was stuffy and uncomfortable, but it's a necessary trade-off to protect my health. Tomorrow, I'll pick a different color to switch up my mood.

## ① The sky is hazy again.

| 하늘이 뿌옇다 |

'안개'를 뜻하는 haze에서 나온 hazy는 먼지나 안개 때문에 시야가 뿌옇게 흐려진 상태를 묘사합니다. 탁하다는 뜻인 murky, 칙칙하다는 뜻인 dull을 활용해도 좋죠.

## ② After COVID, masks have become a natural part of everyday life.

| 코로나를 겪은 후, 이제는 마스크가 생활의 일부처럼 되었다 |

'코로나 사태를 겪은 후'는 간단히 after COVID 혹은 since COVID라고만 표현하면 됩니다. 일상 속에 자연스럽게 자리 잡았다는 의미에서 have become a natural part of everyday life라고 했죠.

## ③ I find it clear that people now use them to express their style.

| 마스크를 패션 아이템처럼 생각하는 사람들이 많은 것 같다 |

'패션 아이템'을 fashion item으로 옮겨 People now use masks as fashion items to show their style.처럼 표현해도 좋습니다. item이라는 표현 없이, use them to express their style이라고만 해도 마스크가 개인의 취향과 개성을 드러내는 수단이 되었다는 의미가 잘 전달되죠.

## ④ It's often the first thing people notice.

| 가장 먼저 눈에 들어오는 게 마스크다 |

notice는 '알아채다', '인지하다'라는 뜻이므로, '눈에 들어오다'라는 우리말과 잘 어울립니다. '눈' 혹은 '시야'라는 의미를 살린다면 first thing that catches the eye(눈을 사로잡는), first thing that comes into sight(시야에 들어오는), first thing that meets the eye(눈에 보이는)과 같이 표현할 수 있고, 두드러진다는 의미에서 first thing that stands out처럼 말해

도 좋습니다.

**5** **I tried a colored mask today, and when I looked in the mirror, I thought it matched nicely with my coat.**
| 나도 색깔 있는 마스크를 착용해 봤는데, 거울을 보며 마스크와 코트가 잘 어울린다는 생각을 했다 |

마스크를 써 보는 것도 try로 표현할 수 있습니다. 거울을 들여다보는 것은 look in the mirror도 좋고, check the mirror라고 해도 됩니다. 어울리는 것은 match로 표현할 수 있으므로, match nicely with는 '~와 잘 어울린다'는 말이 되죠.

**6** **Wearing a mask all day was stuffy and uncomfortable.**
| 마스크를 쓰고 있자니 하루 종일 답답했다 |

stuffy는 공기가 탁하거나 숨이 잘 통하지 않아 답답한 느낌을 표현합니다. 장소를 주어로 잡아 The room feels stuffy.처럼 표현할 수 있죠. '답답하다'도 그 의미에 따라 다양한 영어 단어로 번역됩니다. 의사소통의 답답함이 아니라 좁은 공간이나 탁한 공기에서 느껴지는 답답함은 stuffy로 표현할 수 있죠.

**7** **It's a necessary trade-off to protect my health.**
| 건강을 위해 어쩔 수 없다 |

trade-off는 '교환', '거래'라는 뜻인데, 하나를 선택하고 다른 하나를 포기하는 상황을 말합니다. 어떤 이득을 얻기 위해 감수해야 하는 불편이나 손해를 일컫죠. 건강이라는 더 중요한 가치를 위해서는 어쩔 수 없다는 의미를 잘 표현해 줍니다.

**8** **Tomorrow, I'll pick a different color to switch up my mood.**
| 내일은 다른 색상의 마스크를 챙겨서 기분 전환을 해봐야겠다 |

pick이 선택한다는 뜻이므로, pick a different color는 다른 색상의 마스크를 택한다는 말입니다. switch up이 바꾸거나 전환한다는 뜻이므로 switch up my mood는 '기분 전환을 하다'가 되죠.

## Quick Quiz

1 하늘이 뿌옇다.

The sky is ______ again.

2 가장 먼저 눈에 들어오는 게 마스크다.

It's often the first thing people ______.

3 거울을 보며 마스크와 코트가 잘 어울린다는 생각을 했다.

When I looked in the mirror, I thought it ______ nicely with my coat.

4 마스크를 쓰고 있자니 하루 종일 답답했다.

Wearing a mask all day was ______ and uncomfortable.

5 건강을 위해 어쩔 수 없다.

It's a necessary ______ to protect my health.

답 **1.** hazy **2.** notice **3.** matched **4.** stuffy **5.** trade-off

# 4~6월의 일기

# 4월8일

퇴근 후 곧장 집으로 가지 않고 근처 벚꽃 명소로 발걸음을 옮겼다❶. 친구와 함께 걸으며 하늘거리는 꽃잎을 바라보니 마음이 한결 가벼워졌다❷. 하얀 벚꽃과 저녁 햇살의 조화가 너무 아름다웠고❸, 해가 지자 조명과 어우러져 더 멋진 모습이었다❹. 벚꽃 구경을 나온 모든 사람들이 다 즐거운 표정으로 웃고 있었다. 이렇게 많은 사람이 모두 행복한 표정을 짓고 있는 광경을 본다는 게 쉽지 않은데❺, 벚꽃의 아름다움 덕분이라는 생각이 들었다. 벚꽃이 주는 설렘은 딱 이때만 누릴 수 있는 선물❻ 같아서 봄이 기다려진다. 벚꽃이 더 아름다운 건 활짝 피는 시간이 길지 않기 때문이❼ 아닐까 하는 생각도 해보았다. 오늘 하루 벚꽃 덕분에 평범한 날이 특별해졌다❽. 봄과 벚꽃은 언제나 이렇게 우리 마음을 새롭게❾ 해준다.

After work, I didn't go straight home but walked over to a nearby cherry blossom spot. Strolling with a friend and watching the petals flutter in the air made my heart feel lighter. The combination of white blossoms and the evening sunlight was stunning, and once the sun set, the lights made the scene even more magical. Everyone around us was smiling, and it struck me how rare it is to see so many people looking genuinely happy at the same time. It was all thanks to the beauty of the blossoms. The excitement they bring feels like a gift you can enjoy only at this time of year, which is why I always look forward to spring. I also thought maybe cherry blossoms are even more beautiful because their peak is so brief. Today, they turned an ordinary day into something special. Spring and cherry blossoms always have a way of refreshing the soul.

**1 I walked over to a nearby cherry blossom spot.**
| 근처 벚꽃 명소로 발걸음을 옮겼다 |

그냥 walk와 달리 walk over는, 목적지를 향해 자연스럽게 걸음을 옮겼다는 뉘앙스를 표현합니다. spot이 '장소'를 말하므로, 근처의 벚꽃 명소는 a nearby cherry blossom spot이라고 표현할 수 있죠.

**2 Strolling with a friend and watching the petals flutter in the air made my heart feel lighter.**
| 친구와 함께 걸으며 하늘거리는 꽃잎을 바라보니 마음이 한결 가벼워졌다 |

stroll은 목적 없이 천천히 걷는다는 의미입니다. flutter는 펄럭이거나 파닥거리는 모양을 묘사합니다. fl- 부분의 소리가 그런 의미를 연상시키죠. 마음이 가벼워지는 것은 우리말과 동일하게 My heart feels lighter.라고 표현하면 됩니다.

**3 The combination of white blossoms and the evening sunlight was stunning.**
| 하얀 벚꽃과 저녁 햇살의 조화가 너무 아름다웠다 |

combination은 서로 다른 두 요소가 만나 만들어내는 조화를 표현합니다. '조화'를 강조하려면 harmony를 쓰면 되고, 섞인다는 의미만 표현하려면 blend, mix를 써도 좋습니다. 둘 다 명사 뜻도 지니죠. stunning은 '놀라게 하다'라는 뜻인 동사 stun의 현재분사인데, 놀랄 만큼 좋거나 아름다운 것을 강조하는 단어입니다.

**4 Once the sun set, the lights made the scene even more magical.**
| 해가 지자 조명과 어우러져 더 멋진 모습이었다 |

'멋진 모습'을 마치 마술과 같다는 의미에서 magical로 표현했습니다. 현실보다 더 아름답고 몽환적인 분위기임을 강조하고 있죠.

### ❺ It struck me how rare it is to see so many people looking genuinely happy at the same time.

| 이렇게 많은 사람이 모두 행복한 표정을 짓고 있는 광경을 본다는 게 쉽지 않다 |

it struck me ~는 어떤 사실이 갑자기 마음에 와닿거나 강하게 느껴졌다고 할 때 쓰는 표현입니다. genuinely을 활용해 '진짜' 행복한 모습을 강조하고 있고, 그런 경험은 드문 것이므로 rare라고 했습니다.

### ❻ The excitement they bring feels like a gift you can enjoy only at this time of year.

| 벚꽃이 주는 설렘은 딱 이때만 누릴 수 있는 선물 같다 |

앞서 나왔던 excitement는 '설렘'을 표현하기에도 적절하죠. only at this time of the year는 '한 해의 이 때에만'이라는 뜻입니다.

### ❼ Cherry blossoms are even more beautiful because their peak is so brief.

| 벚꽃이 더 아름다운 건 활짝 피는 시간이 길지 않기 때문이 아닐까 |

'절정'은 peak로 표현할 수 있습니다. 절정이 짧다는 의미로 brief를 활용했는데, 짧다는 의미의 short나 short-lived, 잠깐만 지속된다는 뜻인 fleeting도 잘 어울립니다.

### ❽ They turned an ordinary day into something special.

| 오늘 하루 벚꽃 덕분에 평범한 날이 특별해졌다 |

turn이 전환한다는 뜻이므로, turn A into B는 A를 B로 만든다는 말이 되죠. turn 대신 변형한다는 뜻인 transform을 활용해 transformed a regular day into something memorable처럼 표현해도 좋습니다.

## 9 Spring and cherry blossoms always have a way of refreshing the soul.

| 봄과 벚꽃은 언제나 이렇게 우리 마음을 새롭게 해준다 |

have a way of ~은 특정한 결과를 가져오거나 어떤 효과를 만들어 낸다는 뜻입니다. 예를 들어 Life has a way of surprising you.라고 하면 '인생에는 늘 뜻밖에 일이 생긴다'라는 말이죠. refresh the soul은 마음 깊은 곳까지 새롭게 해준다는 뜻입니다. 마음 깊은 곳까지 영향을 준다는 점을 강조하려면 heart 대신 soul도 잘 어울립니다.

## Quick Quiz

1 하늘거리는 꽃잎을 바라보니 마음이 한결 가벼워졌다.
Watching the petals ______ in the air made my heart feel lighter.

2 해가 지자 조명과 어우러져 더 멋진 모습이었다.
Once the sun ______, the lights made the scene even more magical.

3 벚꽃이 더 아름다운 건 활짝 피는 시간이 길지 않기 때문이다.
Cherry blossoms are even more beautiful because their peak is so ______.

4 오늘 하루 벚꽃 덕분에 평범한 날이 특별해졌다.
They ______ an ordinary day into something special.

5 봄과 벚꽃은 언제나 이렇게 우리 마음을 새롭게 해준다.
Spring and cherry blossoms always have a way of refreshing the ______.

답 **1.** flutter **2.** set **3.** brief **4.** turned **5.** soul

# 4월12일

계절이 바뀌면서 피부 관리에 더 신경을 쓰게 된다❶. 봄에는 특히 황사와 미세먼지가 심해 피부에 자극이 심해진다❷. 나는 건성에 가까우면서도 T존은 약간 번들거리는 복합성이라 관리가 까다로운❸ 편이다. 그래서 되도록 자극이 적은 제품을 쓰고자❹ 노력한다. 자외선이 강해지는 시기라 선크림을 꼼꼼히 발라야❺ 하는데, 선크림도 은근히 자극이❻ 있다. 최근 친구가 무기자차 선크림이 자극이 덜하다고 해서 쓰고 있는데, 효과가 좀 있는 것도 같고❼. 그 친구는 물을 많이 마시는 게 중요하다는데, 솔직히 나는 잘 모르겠다. 물 많이 마시면 몸에 좋다는 게 잘못된 건강 습관이라는❽ 말도 많다. 역시 최고의 피부 관리법은 스트레스를 줄이는 것이 아닐까. 황사와 미세먼지라도 좀 덜해져서 내 피부가 편안히 숨쉴 수 있기를.❾

With the change of seasons, I've become more mindful of my skincare routine. Spring is especially harsh because yellow dust and fine dust can irritate the skin. My skin is mostly dry but gets oily around the T-zone, so taking care of it can be tricky. That's why I try to use gentle products. Since UV rays get stronger around this time, I make sure to apply sunscreen carefully, but even sunscreen itself can sometimes be irritating. A friend recently told me that mineral sunscreens are less harsh, so I've been using one, and it does seem to feel a bit better on my skin. She also insists that drinking plenty of water is important, but honestly, I'm not sure. Many people say that drinking lots of water for your skin is just a health myth. In the end, I think the best skincare method is reducing stress. I just hope the yellow dust and fine dust ease up so my skin can breathe a little easier.

## ❶ I've become more mindful of my skincare routine.

| 피부 관리에 더 신경을 쓰게 된다 |

mindful of ~는 어떤 일에 주의를 기울이고 의식한다는 뜻이죠. '신경 쓰다'와 잘 어울립니다. '피부관리'에는 세안, 보습, 자외선 차단 등 다양한 절차가 포함되므로, routine까지 넣어 skincare routine이라고 표현하는 것이 자연스럽죠.

---

## ❷ Spring is especially harsh because yellow dust and fine dust can irritate the skin.

| 봄에는 특히 황사와 미세먼지가 심해 피부에 자극이 심해진다 |

피부에 트러블을 일으키는 것을 irritate라고 하죠. '피부 자극'에 해당하는 표현이고, 그 자극으로 인해 봄철에 더 힘들다는 뜻에서 Spring is especially harsh.라고 했죠. harsh는 힘들게 하고 어려움을 준다는 뜻입니다.

---

## ❸ My skin is mostly dry but gets oily around the T-zone, so taking care of it can be tricky.

| 나는 건성에 가까우면서도 T존은 약간 번들거리는 복합성이라 관리가 까다로운 편이다 |

T-zone은 이마와 코 주변의 유분이 잘 생기는 부위를 지칭하는 표현입니다. T-zone을 제외한 볼과 턱을 가리키는 용어로 우리나라에서는 U-zone이라는 표현도 쓰지만, 그 표현은 영어로 자연스럽지 않습니다. tricky는 해결 불가능한 정도는 아니지만 어려운 상태를 가리키는 말로, 우리말 '까다롭다'와 잘 어울리죠.

---

## ❹ That's why I try to use gentle products.

| 그래서 되도록 자극이 적은 제품을 쓰고자 노력한다 |

자극이 적고 피부에 순한 제품을 gentle이라고 표현했죠. mild, soft, light 모두 같은 뜻으로 쓸 수 있고, 피부를 안정시키는 부드러움이라면 soothing

이라고 표현해도 좋습니다.

## ❺ Since UV rays get stronger around this time, I make sure to apply sunscreen carefully.

| 자외선이 강해지는 시기라 선크림을 꼼꼼히 발라야 한다 |

UV rays는 ultraviolet rays, 즉 자외선을 가리키죠. apply는 약을 바르거나 투약한다는 뜻을 지니므로, apply sunscreen carefully는 선크림을 꼼꼼히 바른다는 말이 됩니다. 예를 들어 연고를 바르는 것은 apply ointment, 얼음찜질을 하는 것은 apply ice pack처럼 표현하죠.

## ❻ Even sunscreen itself can sometimes be irritating.

| 선크림도 은근히 자극이 있다 |

앞서 설명한 irritate를 활용해서 자극이 된다는 의미를 표현하고 있죠. 선크림 자체도 자극이 된다는 뜻이므로 even sunscreen itself라고 표현했습니다.

## ❼ It does seem to feel a bit better on my skin.

| 효과가 좀 있는 것도 같다 |

효과가 있다고 할 때 effective를 활용할 수 있죠. 위 문장은 It does seem to be more effective on my skin.처럼 표현해도 됩니다. 여기서는 피부에 닿았을 때의 촉감이나 반응이 이전보다 좋다는 의미에서 feel a bit better on my skin이라고 했죠. 피부가 편안해진 것 같다는 느낌에 중점을 둔 표현입니다.

## ❽ Many people say that drinking lots of water for your skin is just a health myth.

| 물 많이 마시면 몸에 좋다는 게 잘못된 건강 습관이라는 말도 많다 |

myth는 '신화 창조' 같은 좋은 의미의 '신화'가 아니라 '잘못된 믿음'을 가리킵니다. a health myth는 과학적 근거가 부족한 건강 상식을 일컫죠.

## ❾ I just hope the yellow dust and fine dust ease up so my skin can breathe a little easier.

| 황사와 미세먼지라도 좀 덜해져서 내 피부가 편안히 숨쉴 수 있기를 |

ease up은 '완화되다'라는 뜻의 구동사입니다. The yellow dust and fine dust ease up.은 황사와 미세먼지가 약해지거나 잠잠해진다는 말이죠. '피부가 숨을 쉬다'는 영어로 그대로 옮겨 my skin can breathe a little easier라고 해도 의미가 잘 통합니다.

## Quick Quiz

1 피부 관리에 더 신경을 쓰게 된다.
I've become more ______ of my skincare routine.

2 봄에는 특히 황사와 미세먼지가 심해 피부에 자극이 심해진다.
Spring is especially harsh because yellow dust and fine dust can ______ the skin.

3 그래서 되도록 자극이 적은 제품을 쓰고자 노력한다.
That's why I try to use ______ products.

4 자외선이 강해지는 시기라 선크림을 꼼꼼히 발라야 한다.
Since UV rays get stronger around this time, I make sure to ______ sunscreen carefully.

5 효과가 좀 있는 것도 같다.
It does seem to feel a bit ______ on my skin.

답 **1.** mindful **2.** irritate **3.** gentle **4.** apply **5.** better

# 4월29일

직장 생활을 하면서 스트레스는 불가피하다는❶ 걸 잘 안다. 그래서 스트레스를 없앨 생각을 하지 말고 잘 관리하자가 내 생각인데❷, 그것도 쉽지만은 않다. 스트레스 받을 만한 일이 아닌데 스트레스를 받는 나를 보면서 더 스트레스가 쌓일❸ 때가 있다. 요즘 업무가 많아지면서 그런 일들이 더 생기는데❹, 최근에 시도하고 있는 해소법은 퇴근 후 집 근처 공원을 천천히 걸으며 음악을 듣는 것이다. 이어폰을 꽂고 좋아하는 노래를 들으며 걷다 보면❺ 답답했던 마음이 조금씩 풀린다❻. 누군가 일기를 쓰며 하루의 감정을 정리하는 것도 도움이 된다 해서 시도해 봤는데, 나한테는 별로였다❼. 글로 적어내려가는 동안 스트레스 받은 기억들이 다시 살아나❽ 오히려 부작용이 컸다. 스트레스와 함께 살아가되 그 속에서 나를 잃지 않는 것이❾ 중요한 것 같다.

I know very well that stress is a natural part of professional life. So, instead of trying to eliminate it, I try to manage it. But even that isn't always easy. Sometimes, getting worked up over things that shouldn't be stressful just makes me even more stressed. With my workload increasing lately, those moments have become more frequent. One thing that's been helping is taking a slow walk through the park near my home after work while listening to music. When I put in my earphones and walk to my favorite songs, the tightness in my chest gradually loosens. Someone once told me that journaling helps organize emotions, so I gave it a try, but it didn't work for me. Writing everything down just brought the stressful moments back to life, which only made things worse. I think the key is learning how to coexist with stress without losing myself along the way.

## ❶ I know very well that stress is a natural part of professional life.

| 직장 생활을 하면서 스트레스는 불가피하다는 걸 잘 안다 |

Stress is a natural part of professional life.는 직장 생활에서 스트레스가 자연스러운 일부라는 말이죠. '불가피'라는 단어에 충실하게 Stress is an inevitable part of working life.라고 해도 좋고, '회사생활을 하면 스트레스가 동반하는 법이다'라는 의미로 Stress naturally comes with any professional role.처럼 말해도 됩니다.

## ❷ So, instead of trying to eliminate it, I try to manage it.

| 스트레스를 없앨 생각을 하지 말고 잘 관리하자가 내 생각이다 |

'제거하다'라는 뜻인 eliminate 대신 get rid of, remove를 활용해도 의미가 같죠. manage 대신 control, keep it under control이라고 해도 '통제하다', 즉 관리한다는 말이 됩니다.

## ❸ Getting worked up over things that shouldn't be stressful just makes me even more stressed.

| 스트레스 받을 만한 일이 아닌데 스트레스를 받는 나를 보면서 더 스트레스가 쌓일 때가 있다 |

get worked up은 감정이 격해지거나 흥분하는 상황을 일컫는 구어 표현입니다. '열받다'와 어울리는 표현이죠. things that shouldn't be stressful은 원래라면 스트레스를 줄 이유가 없는 일들을 가리킵니다.

## ❹ With my workload increasing lately, those moments have become more frequent.

| 요즘 업무가 많아지면서 그런 일들이 더 생긴다 |

'짐'을 뜻하는 load를 붙인 workload는 '업무 부담'을 뜻합니다. 책임질 일이 많다는 뜻에서 responsibilities, '업무'를 뜻하는 tasks를 써도 결국 일

이 많아진다는 뜻이죠. 업무 부담이 증가하는 상황이므로 increase라고 했죠.

### ❺ when I put in my earphones and walk to my favorite songs

| 이어폰을 꽂고 좋아하는 노래를 들으며 걷다 보면 |

좋아하는 노래를 들으며 그 리듬에 맞춰 걷는다고 하기 위해 전치사 to를 활용해 walk to my favorite songs라고 표현했습니다. 예를 들어 I fall asleep to my favorite songs.는 '좋아하는 노래를 들으며 잠이 든다'라는 뜻이고, I start my mornings by dancing to my favorite songs.는 '좋아하는 노래에 맞춰 춤을 추면서 아침을 시작한다'라는 말입니다.

### ❻ The tightness in my chest gradually loosens.

| 답답했던 마음이 조금씩 풀린다 |

tightness in my chest는 가슴이 답답하고 조여 오는 듯한 느낌을 표현하죠. 그런 느낌이 풀리거나 완화되는 것이므로 동사 loosen을 활용하고 있습니다. loosen 대신 앞서 활용한 ease up이나 relax를 써도 좋습니다.

### ❼ Journaling helps organize emotions, so I gave it a try, but it didn't work for me.

| 일기를 쓰며 하루의 감정을 정리하는 것도 도움이 된다 해서 시도해 봤는데, 나한테는 별로였다 |

journal은 '학술지'나 '저널'뿐 아니라 하루의 일을 기록하는 '일기'라는 뜻도 지닙니다. 매일 일어난 일을 기록하는 것을 journaling이라고 하죠. 앞에서 옷을 정리할 때 organize라고 했는데, 여기처럼 감정을 정리하는 것도 표현할 수 있습니다. '효과가 없었다'는 It didn't work for me.라고 할 수 있죠. It just wasn't my thing.도 '내게는 안 어울렸다', '효과가 없었다'는 뜻입니다.

## ❽ Writing everything down just brought the stressful moments back to life.

| 글로 적어내려가는 동안 스트레스 받은 기억들이 다시 살아났다 |

bring ~ back to life는 죽어 있던 것을 다시 살려낸다는 뜻입니다. 안 좋은 기억을 살려내는 상황을 말하기에도 적절한 표현이죠. 또, relive the stress 라는 표현도 있습니다. '스트레스를 주는 순간을 다시 산다(relive)'라고 말하는 거죠. Writing it all down only made me relive the stress.라고 해도 같은 뜻입니다.

## ❾ I think the key is learning how to coexist with stress without losing myself along the way.

| 스트레스와 함께 살아가되 그 속에서 나를 잃지 않는 것이 중요한 것 같다 |

'공존하다'는 coexist로 표현할 수 있습니다. along the way는 '그 과정 속에서'라는 뜻이죠. '나를 잃다'는 lose myself라고 직역하면 되는데, '스트레스와 공존하면서도 균형을 잃지 않는다'는 의미로 The important thing is finding balance while living with stress.처럼 표현해도 좋습니다.

## Quick Quiz

1 스트레스를 없앨 생각을 하지 말고 잘 관리하자가 내 생각이다.

So, instead of trying to ______ it, I try to ______ it.

2 스트레스 받을 만한 일이 아닌데 스트레스를 받는 나를 보면서 더 스트레스가 쌓일 때가 있다.

Getting ______ up over things that shouldn't be stressful just makes me even more stressed.

3 요즘 업무가 많아지면서 그런 일들이 더 생긴다.

With my ______ increasing lately, those moments have become more frequent.

4 이어폰을 꽂고 좋아하는 노래를 들으며 걷다 보면

when I put in my earphones and walk ______ my favorite songs

5 일기를 쓰며 하루의 감정을 정리하는 것도 도움이 된다고 한다.

Someone once told me that journaling helps ______ emotions.

답 **1.** eliminate, manage **2.** worked **3.** workload **4.** to **5.** organize

# 5월1일

어린이날을 앞두고 조카와 놀이공원에 갔다. 어린이날 당일은 너무 사람이 많을 것 같아 일찍 간❶ 건데, 다들 비슷한 생각인지 정말 사람이 많았다❷. 줄 서는 데 보낸 시간이 거의 다라는 생각도 했지만, 뛰어다니며 웃는 조카를 보니 나도 덩달아 즐거워졌다. 오히려 내가 더 즐기는 느낌도❸ 들었다. 조카가 나를 향해 웃으며 "이모 최고"라고 말할 때는❹ 세상 어떤 칭찬보다 기분이 좋았다. 놀이기구를 타고, 솜사탕을 나눠 먹고, 사진을 찍으며 하루가 금세 지나갔다❺. 조카와 함께하는 순간마다 내가 엄마가 되면 어떤 모습일까 하는 궁금증도❻ 생긴다. 아이를 키우는 건 분명 쉽지 않겠지만, 그만큼 큰 행복을 줄 것 같다는❼ 생각도 든다. 언니는 아이에게 정말 많은 사랑을 쏟는다. 나도 엄마가 된다면 저런 모습일까❽? 힘들면서도 의미있는 하루였다❾.

Today, I took my nephew to an amusement park ahead of Children's Day. I went early thinking I could **beat the holiday crowds**, but it seemed everyone else had the same idea. It was **packed**. It felt like we spent most of our time standing in line, but watching my nephew run around laughing made me happy too. At times, I even felt like **I was enjoying myself more than he was**. When he **looked up at me** with a big smile and said, "Auntie, you're the best," it felt better than any compliment in the world. With all the rides, cotton candy, and photos, the day passed **in the blink of an eye**. Moments like these make me **wonder what kind of mother I'd be** someday. **Raising a child** is **undoubtedly** hard, but I can see how deeply **rewarding** it must be. I know my sister pours so much love into her son. If I become a mother one day, **would I be like her**? It was a **tiring** day, but a truly **meaningful** one.

## ① I went early thinking I could beat the holiday crowds.

| 어린이날 당일은 너무 사람이 많을 것 같아 일찍 갔다 |

beat가 '이기다'라는 뜻이므로, beat the holiday crowds는 연휴나 기념일에 몰리는 인파를 피하기 위해 미리 서둘거나 다른 날을 택하는 것을 말합니다. beat the holiday traffic처럼 말하기도 하죠. '피하다'라는 의미에 충실하게 I went early to avoid the crowds.라고 하거나 I went early before it got too busy(붐비기 전에 갔다).처럼 말할 수도 있습니다.

## ② It was packed.

| 정말 사람이 많았다 |

packed는 물리적으로 꽉 찬 상태를 말하지만, 사람이 많다는 의미로 crowded 대신 쓰는 단어이기도 합니다. 간단히 The place was full of people.처럼 표현해도 좋죠.

## ③ At times, I even felt like I was enjoying myself more than he was.

| 오히려 내가 더 즐기는 느낌도 들었다 |

enjoy oneself는 즐긴다는 뜻이죠. 조카보다 내가 더 즐기는 모습이니 more than he was라고 했는데, '내가 더 즐거운 시간을 보냈다'는 의미로, I was having a better time than he was.라고 해도 좋습니다.

## ④ when he looked up at me with a big smile and said, "Auntie, you're the best"

| 조카가 나를 향해 웃으며 "이모 최고"라고 말할 때 |

조카가 고개를 들어 나를 쳐다보는 모습을 표현하기 위해 when he looked up at me라고 up을 넣어 말했죠. 이모나 고모는 aunt라고 하는데, auntie처럼 끝에 -ie 소리를 넣으면 더 친근하고 귀여운 느낌을 줍니다. dog 대신 doggie, cat 대신 kitty, mom 대신 mommy라고 하는 것도 모두 같은 표

현 방법입니다.

## ❺ The day passed in the blink of an eye.
| 하루가 금세 지나갔다 |

in the blink of an eye는 눈을 한 번 깜빡할 정도의 아주 짧은 순간을 뜻합니다. instantly 혹은 in a flash도 같은 뜻을 지니죠. 달리 The day flew by.나 Time went by so fast. 같은 표현도 자주 쓰입니다.

## ❻ Moments like these make me wonder what kind of mother I'd be someday.
| 내가 엄마가 되면 어떤 모습일까 하는 궁금증도 생긴다 |

what kind of mother I would be는 '어떤 엄마가 될지'라는 뜻이죠. 그 점이 궁금하다는 의미에서 wonder라고 했는데, 미래의 모습을 그려본다는 의미에서 It makes me picture the kind of mother I could become.처럼 표현할 수도 있습니다. picture는 동사로 어떤 모습을 그려보거나 떠올린다는 뜻입니다.

## ❼ Raising a child is undoubtedly hard, but I can see how deeply rewarding it must be.
| 아이를 키우는 건 분명 쉽지 않겠지만, 그만큼 큰 행복을 줄 것 같다 |

아이를 키운다고 할 때 쓰는 동사에는 raise, nurture, bring up 등이 있습니다. 양육이 보람을 가져다줄 것이라는 의미로 rewarding이라고 했는데, 충만한 경험이 될 거라는 의미에서 I can imagine how fulfilling it is.처럼 표현해도 좋습니다. 그만한 가치가 있다는 의미라면 It's worth it.처럼 말할 수도 있죠.

## ❽ If I become a mother one day, would I be like her?
| 나도 엄마가 된다면 저런 모습일까 |

be like her는 '언니 같은 모습이 되다'라는 뜻이죠. 누구를 닮는다고 할 때 쓰는

take after를 활용해 Would I take after her?라고 하거나 '전철을 밟는다'는 뜻인 follow in one's footsteps를 써서 Would I follow in her footsteps?처럼 표현해도 좋습니다.

## 9 It was a tiring day, but a truly meaningful one.

| 힘들면서도 의미있는 하루였다 |

tire가 지치게 한다는 뜻이므로 tiring day는 '힘든 날'이라는 의미가 됩니다. tiring, meaningful 같은 형용사를 쓰지 않고 동사를 활용해 It wore me out, but it meant a lot(지쳤지만 의미 있었다).처럼 말할 수도 있습니다. wear out은 지치게 한다는 뜻이죠.

## Quick Quiz

1 어린이날 당일은 너무 사람이 많을 것 같아 일찍 갔다.

I went early thinking I could ______ the holiday crowds.

2 정말 사람이 많았다.

It was ______.

3 하루가 금세 지나갔다.

The day passed in the ______ of an eye.

4 내가 엄마가 되면 어떤 모습일까 하는 궁금증도 생긴다.

Moments like these make me ______ what kind of mother I'd be someday.

5 나도 엄마가 된다면 저런 모습일까?

If I become a mother one day, would I be ______ her?

답 **1.** beat **2.** packed **3.** blink **4.** wonder **5.** like

# 5월16일

5월이 되니 여기저기서 결혼 소식이 들려 온다. 그러면서 비혼에 대해서도 생각해 본다❶. 나는 비혼주의자까지는 아니지만❷ 결혼을 꼭 해야 한다고 생각하지도 않는다❸. 결혼과 비혼 사이의 열린 결말을 추구한다고나❹ 할까. 비혼의 가장 큰 장점은 온전히 나의 삶을 살 수 있다는❺ 게 아닐까 싶다. 누구도 의식하지 않고 내 커리어와 자기계발에 온전히 에너지를 쏟을 수 있을❻ 거다. 누군가를 만나 인생을 함께하는 것도 가치 있는 일이겠지만, 혼자서도 충분히 의미 있는 삶을 꾸려갈 수 있지❼ 않을까. 물론 좋은 인연이 나타난다면 결혼이라는 선택지를 배제하진 않겠지만❽, 지금은 "아니어도 상관없다"는 여유가 나를 더 편안하게❾ 만든다. 그 어떤 결론을 내기보다❿ 지금의 자유와 평온함을 더 누리고 싶다.

Now that it's May, I keep hearing news of people getting married. I naturally find myself thinking about the idea of staying single. I'm not committed to a strict non-marriage lifestyle, but I also don't see marriage as a necessity. I guess I prefer leaving the ending open—somewhere between marriage and non-marriage. What appeals to me most about staying single is the freedom to live a life that is entirely my own. I can pour my energy into my career and self-development without having to compromise myself. Sharing a life with someone can be meaningful, of course, but I also believe it's possible to build a fulfilling life on my own. If I meet someone truly right for me, I wouldn't rule out marriage, but for now, the feeling of "I don't have to get married" brings me a sense of comfort. Rather than rushing toward any conclusion, I want to enjoy the freedom and peace I have right now.

## ❶ I naturally find myself thinking about the idea of staying single.

| 그러면서 비혼에 대해서도 생각해 본다 |

I naturally find myself thinking about ~은 '~을 생각하는 나를 발견하다'라고 직역할 수 있는데, 어떤 상황에서 저절로 그런 생각이 떠오른다는 의미입니다. '비혼'이 내포하고 있는, 결혼을 하지 않기로 결심했다는 의미까지 포함한 간단한 영어 표현을 찾기는 힘들죠. 여기서는 싱글인 상태로 계속 남아있다는 뜻인 stay single로 '비혼'을 표현했습니다.

## ❷ I'm not committed to a strict non-marriage lifestyle.

| 나는 비혼주의자까지는 아니다 |

stay single에서 더 나아가, strict non-marriage lifestyle은 결혼을 하지 않는 것을 원칙으로 삼는 비혼주의를 말하죠. be committed to는 어떤 것에 깊이 마음을 두고 있다는 뜻으로, 문맥에 따라 '약속', '헌신', '전념' 등으로 번역할 수 있습니다. 여기서는 not을 붙여 '그런 결심을 한 것은 아니다'라고 표현했죠.

## ❸ I also don't see marriage as a necessity.

| 결혼을 꼭 해야 한다고 생각하지도 않는다 |

see A as B는 'A를 B라고 본다/생각한다'라는 뜻이죠. necessity는 '필수'를 말하므로, '꼭 해야 하는 것'이라는 의미가 되죠. 달리 I don't think marriage is something you have to do.처럼 '해야만 하는 것'이라고 표현해도 좋습니다.

## ❹ I prefer leaving the ending open – somewhere between marriage and non-marriage.

| 결혼과 비혼 사이의 열린 결말을 추구한다고나 할까 |

leave the ending open은 '결말을 열어 둔다', 즉 결론을 정해 두지 않는다

는 비유적 표현입니다. somewhere between marriage and non marriage은 '결혼과 비혼 중간의 어딘가'라고 직역할 수 있죠. 결국 둘 사이의 열린 가능성을 일컫습니다.

---

### ❺ What appeals to me most about staying single is the freedom to live a life that is entirely my own.

| 비혼의 가장 큰 장점은 온전히 나의 삶을 살 수 있다는 게 아닐까 싶다 |

live a life that is entirely my own은 '온전히 나의 삶을 살다'라는 뜻이죠. 달리 have full ownership of my life(내 삶을 완전히 소유하다)나 design my life exactly the way I want(내가 원하는 방식으로 삶을 설계하다)처럼 표현해도 좋습니다.

---

### ❻ I can pour my energy into my career and self-development without having to compromise myself.

| 누구도 의식하지 않고 내 커리어와 자기계발에 온전히 에너지를 쏟을 수 있다 |

에너지를 쏟아붓는 것은 '투입하다'라는 뜻의 동사 pour로 적절히 표현할 수 있죠. compromise는 '타협하다'인데, compromise myself라고 하면, '스스로를 타협하다', 즉 '나를 양보하다', 혹은 '내 기준을 낮추다'라는 말이 됩니다. 여기서는 배우자를 위해 나를 양보하지 않고 나에게만 에너지를 쏟는 것을 강조하기 위해 활용했습니다.

---

### ❼ I also believe it's possible to build a fulfilling life on my own.

| 혼자서도 충분히 의미 있는 삶을 꾸려갈 수 있지 않을까 |

build a fulfilling life는 '의미 있고 만족스러운 삶을 만들어 간다'는 뜻입니다. fulfilling은 '충만함'과 '성취감'을 강조하는 형용사죠. 이렇게 삶을 만들어 가는 것도 build로 표현할 수 있습니다.

## 8 If I meet someone truly right for me, I wouldn't rule out marriage.

| 물론 좋은 인연이 나타난다면 결혼이라는 선택지를 배제하진 않을 거다 |

meet someone truly right for me는 '정말 나와 잘 맞는 사람을 만나다' 이므로, 우리말 '좋은 인연'과 잘 어울립니다. 달리 meet the right person, 혹은 meet someone who truly fits me(나에게 정말 잘 맞는 사람을 만나다)라고 표현해도 좋습니다. rule out은 '배제하다'라는 뜻이죠.

## 9 For now, the feeling of "I don't have to get married" brings me a sense of comfort.

| 지금은 "아니어도 상관없다"는 여유가 나를 더 편안하게 만든다 |

brings me a sense of comfort에서 sense of comfort는 '편안함', '안정감'을 말합니다. 달리 give me peace(평화를 주다)나 make me feel at ease(편안하게 한다)처럼 말할 수도 있습니다.

## 10 rather than rushing toward any conclusion

| 그 어떤 결론을 내기보다 |

rush toward ~는 '~로 급하게 달려가다'라는 말인데, 급히 결론으로 달려가는 것, 즉 성급한 결정을 내리는 것을 표현하기에도 좋습니다. '결론 안으로 들어간다'는 의미에서 rush into any decision처럼 표현해도 좋죠.

## Quick Quiz

1 나는 비혼주의자까지는 아니다.

I'm not ______ to a strict non-marriage lifestyle.

2 결혼을 꼭 해야 한다고 생각하지 않는다.

I don't see marriage as a ______.

3 결혼과 비혼 사이의 열린 결말을 추구한다.

I prefer ______ the ending open—somewhere between marriage and non-marriage.

4 누구도 의식하지 않고 내 커리어와 자기계발에 온전히 에너지를 쏟을 수 있을 거다.

I can pour my energy into my career and self-development without having to ______ myself.

5 혼자서도 충분히 의미 있는 삶을 꾸려갈 수 있지 않을까.

I believe it's possible to build a ______ life on my own.

답 **1.** committed **2.** necessity **3.** leaving **4.** compromise **5.** fulfilling

# 5월27일

요즘 직장에서 사람들과 어느 정도 거리를 둬야 할지❶ 생각하게 된다. 회사는 하루 대부분을 보내는 공간이지만 마음을 완전히 열 수 있는 곳은 아니다❷. 예전에 아주 가까워진 직장 동료가 있었지만, 결국 사소한 일까지 간섭받게 되면서 끝이 좋지 않았던❸ 경험이 있다. 가끔 회사에서 누군가에게 속마음을 다 털어놓고 싶을 때도 있지만, 그 경험을 생각하며 참는다❹. 어느 정도 거리를 유지하는 게 현명하다는 교훈을 얻었기❺ 때문이다. 하지만 너무 가까워 상처받지도, 너무 멀어 외롭지도 않은 그 애매한 중간을 지키는 일이❻ 생각보다 쉽지 않다. 성숙해진다는 건 마음을 다 주지 않는 법을 배우는 것인지도❼ 모른다. 그렇게 생각하면 조금 서글프기도 하지만❽, 성숙해지려면 이 정도의 서글픔은 견딜 줄 알아야❾ 하는 것 아닐까?

Lately, I've been thinking a lot about **how much distance I should keep from people at work**. We spend most of our day at the office, but it's not exactly a place where you can **fully wear your heart on your sleeve**. I once became very close to a colleague, but things **ended badly** when she started **overstepping into my personal life**. Now, there are moments when I **feel like opening up**, but I **hold back**, remembering that experience. **It taught me** that **maintaining a healthy distance** is often the **wiser path**. However, finding that **sweet spot—not too close to get hurt**, yet **not too distant to feel lonely**—is harder than it seems. Perhaps **growing up** means learning how not to **give your whole heart away**. There's **a touch of sadness** in that thought, but perhaps **being mature** means knowing how to **carry that sadness with you**.

## ❶ how much distance I should keep from people at work

| 직장에서 사람들과 어느 정도 거리를 둬야 할지 |

'거리를 유지하다'라고 할 때 distance와 함께 쓰는 대표적인 동사는 keep, maintain입니다. 명사 distance를 쓰지 않고, how close I should be처럼 '얼마나 가까워야 할지'라고 해도 좋습니다. people at work은 '직장의 사람들'이니 colleagues, coworkers라고 표현해도 좋죠.

## ❷ It's not exactly a place where you can fully wear your heart on your sleeve.

| 회사는 마음을 완전히 열 수 있는 곳은 아니다 |

'마음을 소매에 걸치고(드러내 놓고) 있다'로 직역할 수 있는 wear one's heart on one's sleeve는 '속마음을 모두 드러내다'라는 관용 표현입니다. 마음이 소매에 나와 있다면 누구에게나 보일 것이기 때문이죠. 뒤이어 나오는 open up, open one's heart와 같은 뜻입니다.

## ❸ Things ended badly when she started overstepping into my personal life.

| 결국 사소한 일까지 간섭받게 되면서 끝이 좋지 않았다 |

좋지 않게 끝나는 것은 우리말과 가깝게 ended badly라고 하면 됩니다. not end well이라고 해도 좋죠. 타인에 간섭하는 모습을 overstep으로 표현했죠. overstep은 '선을 넘어 밟다'라는 뜻인데, 권한이나 영역을 침범한다는 뜻으로 씁니다. 선을 넘어 내 사생활로 들어온 것이므로 into my personal life라고 했죠.

## ❹ There are moments when I feel like opening up, but I hold back, remembering that experience.

| 가끔 회사에서 누군가에게 속마음을 다 털어놓고 싶을 때도 있지만, 그 경험을

생각하며 참는다 |

마음을 여는 것을 여기서는 open up이라고 했습니다. 가령 눈물을 참는 것을 hold back tears라고 하는데, 참거나 억누르는 모양은 hold back이라고 표현할 수 있습니다. 더 쉽게 I stopped myself.이라고 해도 되죠.

## ⑤ It taught me that maintaining a healthy distance is often the wiser path.

| 어느 정도 거리를 유지하는 게 현명하다는 교훈을 얻었다 |

'교훈을 얻다'는 learn the lesson처럼 표현할 수 있지만, 교훈의 내용을 주어 자리에 놓고 '내게 가르쳐 주다'라고 teach를 활용해 말할 수도 있습니다. It taught me that ~과 같은 패턴을 활용하면 되죠. '현명한 길'은 wiser path로 직역해 표현해도 좋고, smarter choice, better way 같은 평이한 표현을 활용해도 자연스럽죠.

## ⑥ Finding that sweet spot – not too close to get hurt, yet not too distant to feel lonely – is harder than it seems.

| 너무 가까워 상처받지도, 너무 멀어 외롭지도 않은 그 애매한 중간을 지키는 일이 생각보다 쉽지 않다 |

spot이 '지점'을 가리키는데, sweet spot은 '가장 적절한 지점'이라는 뜻입니다. 여기서는 가깝지도 멀지도 않은 적절한 지점이라는 의미로 활용했죠. 가까운 것과 먼 것 사이에서 균형을 잡는다는 뜻이므로, find the ideal balance, find the perfect middle ground(중간지대)와 같이 표현해도 좋습니다. 줄표 안의 표현은 '상처받기에는 지나치게 가깝지 않고, 외롭기에는 지나치게 멀지 않은'이라고 직역할 수 있습니다.

## ⑦ Perhaps growing up means learning how not to give your whole heart away.

| 성숙해진다는 건 마음을 다 주지 않는 법을 배우는 것인지도 모른다 |

give one's whole heart away는 '마음을 다 주어 버리다'라는 의미죠. away까지 붙여 다 '줘버리는' 뉘앙스를 강조합니다. grow up은 '성숙해지다'라는 의미로 '몸'과 '마음'에 모두 쓸 수 있습니다. 성숙하다는 의미의 mature를 활용해 becoming mature means ~라고 하거나, '어른이 된다는 것은 ~다'라는 의미로 adulthood means ~처럼 표현해도 좋습니다.

### ❽ There's a touch of sadness in that thought.

| 그렇게 생각하면 조금 서글프기도 하다 |

약간 서글픈 마음이 드는 것이므로 a touch of sadness라고 했는데, a hint of sadness, slight sadness도 같은 뜻이죠.

### ❾ Being mature means knowing how to carry that sadness with you.

| 성숙해지려면 이 정도의 서글픔은 견딜 줄 알아야 하는 것 아닐까 |

여기서는 성숙해지는 것을 mature로 표현했죠. '슬픔을 견디다'를 carry that sadness with you라고 했는데, 우리말로 옮기면 '슬픔을 지니고 살아가다', '슬픔을 안고 살아간다' 정도 됩니다. live with that sadness라고 할 수도 있고, '견디다'라는 의미를 강조한다면, bear/endure that sadness라고 할 수 있습니다.

## Quick Quiz

1 직장에서 사람들과 어느 정도 거리를 둬야 할지

how much distance I should ______ from people at work

2 회사는 마음을 완전히 열 수 있는 곳은 아니다.

It's not exactly a place where you can fully wear your heart on your ______.

3 결국 사소한 일까지 간섭받게 되면서

when she started ______ into my personal life

4 너무 가까워 상처받지도, 너무 멀어 외롭지도 않은 그 애매한 중간을 지키는 일

finding that ______ spot—not too close to get hurt, yet not too distant to feel lonely

5 성숙해진다는 건 마음을 다 주지 않는 법을 배우는 것이다.

Growing up means learning how not to give your whole heart ______.

답 **1.** keep **2.** sleeve **3.** overstepping **4.** sweet **5.** away

# 6월 2일

내일은 어떤 옷을 입고 출근할까 고민하며 하루를 마무리하는 날이 많다❶. 나는 패션을 중요하게 생각한다❷. 패션은 나의 첫인상이 되고❸, 스스로를 존중하는 마음을 드러내는 방법이기도 하기 때문이다. 하루를 시작하는 작은 의식이 되기도❹ 한다. 오늘은 깔끔한 블라우스와 슬랙스를 입고, 포인트로 작은 귀걸이를 더했다❺. 동료들이 "오늘 분위기 좋다"라고 말해줄 때 은근히 힘도 난다❻. 패션은 나의 즐거움이기도 하다. 새로운 옷을 사거나 색다른 스타일을 시도할 때 작은 설렘을 느낀다. 물론 매일 화려하게 꾸밀 수는 없지만❼, 작은 디테일 하나로도 기분이 달라진다. 출근 복장을 고민하는 게 때로는 번거롭지만❽, 결국 나에게 자신감을 주고 소소한 행복을 가져다주는 시간이다❾.

Many nights, I end my day by thinking about what to wear to work the next morning. Fashion matters to me. It shapes the first impression I give. It's also a way of showing respect for myself. It's a small ritual that helps me start my day. Today, I wore a neat blouse and slacks, adding a pair of small earrings as an accent. When coworkers say, "You look great today," it gives me a quiet boost of confidence. Fashion is also a source of joy. Buying new clothes or trying a different style gives me a small thrill. Of course, I can't dress up extravagantly every day, but even a small detail can change my mood. Choosing my outfit may feel like a chore sometimes, but in the end, it's a moment that gives me confidence and a bit of everyday happiness.

## ❶ I end my day by thinking about what to wear to work the next morning.

| 내일은 어떤 옷을 입고 출근할까 고민하며 하루를 마무리하는 날이 많다 |

go to work가 '출근하다'인데, '어떤 옷을 입고 출근하다'라고 할 때 동사 wear와 go를 모두 쓸 필요가 없습니다. what to wear to work가 '어떤 옷을 입고 출근할지'라는 뜻이죠.

## ❷ Fashion matters to me.

| 나는 패션을 중요하게 생각한다 |

matter가 중요하다는 뜻이므로, Fashion matters to me.는 '나에게는 패션이 중요하다'라는 말이 되죠. Style is important in my life.처럼 important를 활용해도 좋고, I place value on how I dress. 즉 '나는 내가 옷 입는 방식에 가치를 둔다'처럼 말해도 같은 의미입니다.

## ❸ It shapes the first impression I give.

| 패션은 나의 첫인상이 된다 |

첫인상을 '형성한다'는 의미에서 동사 shape를 활용하고 있습니다. 달리 My style defines the first impression people have of me(첫인상을 정의한다).처럼 표현할 수도 있죠.

## ❹ It's a small ritual that helps me start my day.

| 하루를 시작하는 작은 의식이 되기도 한다 |

'의식'은 ritual이라고 하면 됩니다. 매일 반복되는 루틴이라는 의미에서 It's a little routine. 혹은 '습관'이라는 뜻에서 It's a simple habit.처럼 표현해도 좋죠.

**5 Today, I wore a neat blouse and slacks, adding a pair of small earrings as an accent.**
| 오늘은 깔끔한 블라우스와 슬랙스를 입고, 포인트로 작은 귀걸이를 더했다 |

'포인트'도 영어에서 온 말이지만, add as a point라고 하면 자연스럽지 않습니다. 강조점이라는 뜻에서 accent가 더 잘 어울리죠. 강조한다는 의미를 나타내려면 with tiny earrings as a subtle highlight처럼 '미묘하게(subtle) 강조하는 것(highlight)'이라고 표현할 수도 있죠.

**6 It gives me a quiet boost of confidence.**
| 은근히 힘도 난다 |

boost는 살짝 밀어 올리거나 북돋아 준다는 뜻이므로, boost of confidence는 자신감을 높여주는 것을 일컫습니다.

**7 I can't dress up extravagantly every day.**
| 물론 매일 화려하게 꾸밀 수는 없다 |

dress up이 잘 차려입는다는 뜻인데, 화려하고 사치스럽다는 의미인 extravagantly까지 넣어 의미를 더 강조하고 있습니다.

**8 Choosing my outfit may feel like a chore sometimes.**
| 출근 복장을 고민하는 게 때로는 번거롭기도 하다 |

chore는 집안일이나 해야만 하는 귀찮은 일을 일컫죠. 즐거움이 아니라 번거로운 일임을 잘 표현하는 단어입니다. '성가신 일'을 뜻하는 hassle을 활용해 Deciding what to wear for work can be a bit of a hassle.처럼 표현해도 좋습니다.

### ❾ It's a moment that gives me confidence and a bit of everyday happiness.

| 결국 나에게 자신감을 주고 소소한 행복을 가져다주는 시간이다 |

일상에서 느끼는 소소한 행복이라는 의미에서 everyday happiness라고 했죠. everyday 대신 day-to-day, daily 같은 단어를 써도 좋고, 결국 '단순한' 행복이라는 뜻이므로 simple happiness, ordinary happiness처럼 말하도 잘 어울립니다.

## Quick Quiz

1 내일은 어떤 옷을 입고 출근할까 고민하며 하루를 마무리한다.
I end my day by thinking about what to wear ______ ______ the next morning.

2 패션은 나의 첫인상이 된다.
It ______ the first impression I give.

3 은근히 힘도 난다.
It gives me a quiet ______ of confidence.

4 물론 매일 화려하게 꾸밀 수는 없다.
I can't dress ______ extravagantly every day.

5 출근 복장을 고민하는 게 때로는 번거롭기도 하다.
Choosing my outfit may feel like a ______ sometimes.

답 **1.** to, work **2.** shapes **3.** boost **4.** up **5.** chore

# 6월7일

요즘 캠핑의 인기가 예전만 못하다고들❶ 하지만, 나는 여전히 캠핑을 좋아한다. 좋은 호텔도 좋지만, 자연 속에서 보내는 하루는 그 어떤 숙소보다 특별하다❷. 자연 속에서 마음이 편안해지기❸ 때문이다. 친구들과의 대화가 더 깊어지고 진솔해지는❹ 순간이 많기 때문이다. 또, 평소에는 잊고 지내던 작은 것들❺, 예를 들어 별빛이나 바람 소리 같은 것들을 다시 느낄 수 있어❺ 좋다. 불 앞에서 구운 고기를 나눠 먹으며 서로의 근황을 이야기하는❻ 순간은 일상에서 얻기 힘든 여유다. 캠핑에서는 느리게 흘러가는 시간을❼ 즐기는 것도 좋다. 잠들 때 들려오는 풀벌레 소리는 마음을 차분하게 해주고❽, 아침에 자연 속에서 마시는 커피 한 잔은 그 어떤 카페의 커피보다 맛있다❾. 친구와 약속한 이번 주 캠핑이 기대된다.

People say camping isn't as trendy as it used to be, but I still love it. Nice hotels are great, but a day spent in nature feels more special than any room service. Being surrounded by nature puts my mind at ease. Conversations with friends also tend to become deeper and more sincere. I enjoy rediscovering the little things I usually overlook—like starlight or the sound of the wind. Sharing grilled meat by the fire and talking about our lives is a kind of relaxation that's hard to find in everyday life. Out in nature, time seems to slow down, and I love that. The sound of insects at night is so soothing, and the first cup of coffee in the morning tastes better than anything from a city café. I'm really looking forward to the camping trip I planned with my friend for this week.

## ❶ Camping isn't as trendy as it used to be.
| 캠핑의 인기가 예전만 못하다 |

trendy는 단순히 인기 있는 것을 넘어 '유행의 흐름에 맞는다'는 뜻이죠. as it used to be는 '과거에 그랬던 것처럼'이라는 표현입니다. 달리 Camping isn't as popular as before.라고 쉽게 말해도 좋습니다.

## ❷ A day spent in nature feels more special than any room service.
| 자연 속에서 보내는 하루는 그 어떤 숙소보다 특별하다 |

좋은 숙소에 묵는 것을 여기서는 room service라고 했죠. 호텔의 룸서비스를 연상시키므로, 적절한 표현입니다. a day spent in nature는 a day outdoors(야외에서의 하루)라고 표현할 수도 있죠.

## ❸ Being surrounded by nature puts my mind at ease.
| 자연 속에서 마음이 편안해진다 |

at ease가 '편안한', '안정된' 상태를 표현하므로, put my mind at ease는 '마음을 편하게 해준다'는 뜻입니다. 달리 calm my mind라고 해도 좋죠.

## ❹ Conversations with friends also tend to become deeper and more sincere.
| 친구들과의 대화가 더 깊어지고 진솔해지는 순간이 많다 |

sincere는 감정이나 생각을 솔직하게 나누는 '진지함'이나 '진솔함'을 일컫습니다. deep, sincere를 부사로 바꿔 We often find ourselves talking more deeply and sincerely.처럼 말할 수도 있습니다.

## ❺ I enjoy rediscovering the little things I usually overlook.
| 평소에는 잊고 지내던 작은 것들을 다시 느낀다 |

rediscover는 '다시 발견하다', '새롭게 발견하다'라는 뜻이죠. '다시 느낀다'는 우리말과 잘 어울립니다. overlook이 '간과하다'이므로, usually overlook은 평소에는 바빠서 지나치거나 신경 쓰지 못한다는 의미를 잘 표현합니다. overlook 대신 forget about, miss라고 해도 잊어버리거나 놓친다는 의미가 됩니다.

## ❻ sharing grilled meat by the fire and talking about our lives
| 불 앞에서 구운 고기를 나눠 먹으며 서로의 근황을 이야기하는 것 |

불판이나 열판에 고기를 놓고 굽는 것은 grill이라고 말합니다. roast는 오븐에 굽는 것을 가리키죠. 그동안 못 들었던 소식을 나누는 것을 catch up이라고 하므로, Sharing grilled meat by the fire and catching up is a rare kind of peace(드물게 누리는 평화다).처럼 말할 수도 있습니다.

## ❼ Out in nature, time seems to slow down.
| 캠핑에서는 시간이 느리게 흘러간다 |

slow down은 속도가 느려진다는 뜻이므로, Time slows down.은 '시간이 느리게 흘러간다'는 말이 됩니다. Time moves more slowly.처럼 '느리게 움직인다'라고 해도 되죠.

## ❽ The sound of insects at night is so soothing.
| 잠들 때 들려오는 풀벌레 소리는 마음을 차분하게 해준다 |

soothing은 마음을 달래 주고 긴장을 풀어주는 모양을 일컫습니다. 벌레 우는 소리를 묘사하는 단어가 chirp이므로, The chirping of insects at night calms me.처럼 표현해도 좋죠.

## 9 The first cup of coffee in the morning tastes better than anything from a city cafe.

| 아침에 자연 속에서 마시는 커피 한 잔은 그 어떤 카페의 커피보다 맛있다 |

위 문장에서 '더 맛있다'를 taste better라고 했는데, 능가하고 더 뛰어나다고 할 때 동사 beat을 쓸 수 있으므로, 위 문장은 Morning coffee outdoors beats any coffee I get in the city.처럼 표현해도 좋습니다.

## Quick Quiz

1 캠핑의 인기가 예전만 못하다.

Camping isn't as ______ as it used to be.

2 자연 속에서 마음이 편안해진다.

Being surrounded by nature puts my mind at ______.

3 친구들과의 대화가 더 깊어지고 진솔해지는 순간이 많다.

Conversations with friends also tend to become deeper and more ______.

4 평소에는 잊고 지내던 작은 것들을 다시 느낀다.

I enjoy rediscovering the little things I usually ______.

5 잠들 때 들려오는 풀벌레 소리는 마음을 차분하게 해준다.

The sound of insects at night is so ______.

답 **1.** trendy **2.** ease **3.** sincere **4.** overlook **5.** soothing

# 6월22일

이번 주 중요한 프레젠테이션을 준비하면서 인공지능을 많이 활용했다. 인공지능이 최신 통계 자료를 빠르게 찾아주었고❶, 이미지와 아이콘을 제안해줘서 슬라이드가 한층 더 전문적으로 보였다❷. 덕분에 확실히 작업 시간이 단축되었다. 시간은 단축되었지만 그렇다고 남는 시간에 내가 쉬는 건 아니었다. 그만큼 발표 연습을 더 하고, 세부 내용을 더 다듬게❸ 되었다. 인공지능은 시간을 줄여주지만, 나에게 여유 시간을 만들어 주지는 않는다❹. 인공지능이 제안하는 자료를 무조건 받아들일 수도 없다❺. 결국 최종 결정은 사람의 판단과 창의성이 내리는 것이다. 하지만 인공지능을 잘 쓰는 사람이 더 유리한❻ 건 사실이니, 어떻게 잘 쓸 수 있을지 계속 궁리해야❼ 한다.

Preparing an important presentation this week, I depended heavily on AI tools. They pulled up the latest statistics in seconds and suggested images and icons that improved the overall look of my slides. Thanks to that, my working time was definitely reduced. But that didn't mean I spent the extra time resting. I used the saved time to practice my presentation more and fine-tune the details. AI may save time, but it doesn't magically create free time. Also, I can't blindly accept every suggestion it gives. In the end, human judgment and creativity make the final decisions. Even so, it's clear that those who know how to use AI well gain an advantage, so I need to keep figuring out how to make the most of it.

## ❶ They pulled up the latest statistics in seconds.

| 인공지능이 최신 통계 자료를 빠르게 찾아주었다 |

pull up은 '순식간에 찾아내다'라는 의미로, 정보를 화면에 띄우거나 즉시 불러온다고 할 때 쓸 수 있습니다. 이렇게 데이터를 가져오는 것을 retrieve라고 하므로, They retrieved the latest statistics in no time.이라고 해도 신속히(in no time) 데이터를 뽑아냈다는 뜻이죠.

## ❷ They suggested images and icons that improved the overall look of my slides.

| 이미지와 아이콘을 제안해줘서 슬라이드가 한층 더 전문적으로 보였다 |

improve는 '개선'을 표현할 때 쓸 수 있는 범용 단어입니다. 여기처럼 프레젠테이션 자료의 겉모습을 개선하는 경우에도 활용할 수 있죠. 그래서 improved the overall look은 전체적인 모습(look)을 더 깔끔하고 전문적으로 보이게 만들었다는 말입니다. improve 대신, 세련되게 다듬는다는 뜻인 polish를 활용해도 좋죠.

## ❸ I used the saved time to practice my presentation more and fine-tune the details.

| 그만큼 발표 연습을 더 하고, 세부 내용을 더 다듬게 되었다 |

fine-tune은 섬세하게 다듬는다는 뜻입니다. '미세조정'에 해당하는 영어 표현이죠. 앞서 설명한 polish나 세련되게 만든다는 뜻인 refine을 활용해 polish/refine the details라고 해도 좋죠.

## ❹ AI may save time, but it doesn't magically create free time.

| 인공지능은 시간을 줄여주지만, 나에게 여유 시간을 만들어 주지는 않는다 |

'시간을 절약해 준다'는 save time이라고 하면 되는데, 일을 빨리 혹은 효율적으로 하게 해 준다는 뜻이므로, AI can make things faster. 혹은 AI can make things efficient.처럼 말할 수도 있습니다. magically는 마법처럼 뚝딱 생겨나는 것이 아니라는 점을 강조하기 위해 넣었죠.

## ❺ Also, I can't blindly accept every suggestion it gives.

| 인공지능이 제안하는 자료를 무조건 받아들일 수도 없다 |

'맹목적으로'를 blindly라고 하죠. 여기서는 우리말 '무조건'의 의미로 활용하고 있습니다. 액면(face value) 그대로, 있는 그대로를 받아들인다는 표현에 take something at face value가 있죠. 인공지능의 제안을 곧이곧대로 받아들이면 안된다는 뜻이므로, I can't just take all its suggestions at face value.라고 해도 좋습니다.

## ❻ Even so, it's clear that those who know how to use AI well gain an advantage.

| 하지만 인공지능을 잘 쓰는 사람이 더 유리한 건 사실이다 |

'그럼에도 불구하고'에 해당하는 영어 표현에 even so도 있죠. 앞서 말한 내용을 인정하면서 흐름을 바꾸고자 할 때 쓸 수 있습니다. gain an advantage는 말 그대로 '이익을 얻는다'는 뜻으로, 경쟁에서 우위를 점한다고 할 때 활용하면 됩니다. '경쟁력'을 표현하는 단어에 (competitive) edge도 있죠. gain an edge라고 해도 같은 뜻입니다.

## ❼ I need to keep figuring out how to make the most of it.

| 어떻게 잘 쓸 수 있을지 계속 궁리해야 한다 |

keep figuring out은 '계속해서 고민하고 탐색한다'는 의미죠. 탐사한다는 뜻인

explore가 답을 찾으려 노력하는 것을 일컫기도 하므로, keep exploring이라고 해도 같은 말이 되죠. make the most of ~는 주어진 것을 최대한 활용한다는 뜻입니다. 인공지능에서 최고나 최선을 뽑아내야 한다는 의미로 쓰고 있죠.

## Quick Quiz

1 이미지와 아이콘을 제안해줘서 슬라이드가 한층 더 전문적으로 보였다.

They suggested images and icons that improved the overall ______ of my slides.

2 그만큼 발표 연습을 더 하고, 세부 내용을 더 다듬게 되었다.

I used the saved time to practice my presentation more and ______ the details.

3 AI는 시간을 줄여주지만, 여유 시간을 만들어 주지는 않는다.

AI may save time, but it doesn't magically ______ free time.

4 인공지능이 제안하는 자료를 무조건 받아들일 수도 없다.

Also, I can't ______ accept every suggestion it gives.

5 인공지능을 잘 쓰는 사람이 더 유리한 건 사실이다.

It's clear that those who know how to use AI well gain an ______.

답 **1.** look **2.** fine-tune **3.** create **4.** blindly **5.** advantage

# 7~9월의 일기

# 7월2일

다이어트를 결심하고 며칠 동안 잘 버텨왔는데, 결국 오늘 무너지고❶ 말았다. 나는 내 몸매에 자신이 있다❷. 하지만 최근 없던 뱃살이 생기는 것 같고❸, 무엇보다 식습관을 바꿔야 해서 다이어트를 시작했다. 내 문제는 탄수화물 섭취가 너무 많다는❹ 거다. 게다가 단것도 많이 먹는다❺. 그래서 며칠 동안 하루 한두 끼를 샐러드로 대신했더니, 오늘은 퇴근길에 도저히 허기를 참을 수 없었다❻. 편의점에 들러 삼각김밥, 컵라면, 빵, 과자, 초콜릿까지 집어 들고 집에 와서 먹어치웠다. 먹고 나서는 후회가 한가득이었다. 안 좋은 것들을 몰아서 먹었으니 차라리 아무것도 안 하는 게 나았다❼. 확 바꾸려 하지 말고❽, 내 생활 패턴에 맞춰 천천히 개선하는 방법을 찾아봐야겠다❾. 급히 이것저것 먹었더니 속만 불편하네❿.

I decided to go on a diet and managed to hold out for a few days, but today everything fell apart. I'm generally confident in my body shape, but I've noticed a bit of belly fat lately. More importantly, I realized my eating habits needed fixing, so I started dieting. My problem is that I eat too many carbs. On top of that, I have a serious sweet tooth. So, for the past few days, I replaced one or two meals with salads, but on my way home today, I just couldn't fight the hunger anymore. I stopped by the convenience store and grabbed a triangle kimbap, cup noodles, bread, snacks, and even chocolate. I ate them all as soon as I got home. Afterwards, I was filled with regret. Eating all that junk at once felt worse than not dieting at all. Instead of trying to change everything overnight, I need to find a slower, more realistic approach that fits my daily routine. Now my stomach just feels upset from eating so much so quickly.

## ❶ I decided to go on a diet and managed to hold out for a few days, but today everything fell apart.

| 다이어트를 결심하고 며칠 동안 잘 버텨왔는데, 결국 오늘 무너지고 말았다 |

'다이어트를 하다'는 go on a diet이라고 하죠. '소풍 가다(go on a picnic)', '출장 가다(go on a business trip)'에 쓰는 go on은 이처럼 쓰임이 넓습니다. manage to는 '간신히 ~하다'라는 뜻이고, hold out은 '견디다', '버티다'라는 말이죠. fall apart는 말 그대로 '산산조각 나다'라는 뜻입니다. 시스템, 계획, 관계 등이 붕괴된다고 할 때 쓸 수 있습니다.

## ❷ I'm generally confident in my body shape.

| 나는 내 몸매에 자신이 있다 |

generally를 넣어 '전반적으로'라는 뉘앙스를 추가했죠. 자신이 있다고 할 때 가장 일반적인 단어가 confident죠. confident in ~은 '~에 자신 있다'라는 말입니다. '몸매', '체형'은 body shape이라고 하면 되는데, body image도 비슷한 의미입니다. body image는 '자신의 몸에 대한 인식'을 말하기 때문에 심리적인 면을 강조하게 되죠. '외모'나 '몸매'는 how I look(내가 어떻게 보이는지)라고 할 수도 있으니, I'm comfortable with how I look.도 '내 몸매에 아무 문제가 없다고 생각한다'라는 말이 됩니다.

## ❸ I've noticed a bit of belly fat lately.

| 최근 없던 뱃살이 생기는 것 같다 |

belly fat은 '뱃살'을 가장 자연스럽게 표현하는 말입니다. 허리가 굵어지는 것이 뱃살이 생기는 것이므로, My waist feels a bit bigger lately.처럼 표현할 수도 있죠.

## ❹ My problem is that I eat too many carbs.

| 내 문제는 탄수화물 섭취가 너무 많다는 거다 |

carbs는 carbohydrates의 준말로, 일상 대화에서 많이 쓰는 표현입니다.

지나치게 많이 먹는 것은 overeat으로 표현할 수 있으므로, I tend to overeat carbs.라고 해도 같은 뜻입니다.

## 5 On top of that, I have a serious sweet tooth.

| 게다가 단것도 많이 먹는다 |

on top of that은 '게다가', '그뿐만 아니라'라는 의미로, 문제 하나를 더 얹는 느낌을 줍니다. sweet tooth는 '단것을 좋아하는 성향'을 뜻하는 관용 표현이죠. 같은 의미로 I really crave sweets(단 음식이 많이 당긴다).나 I'm addicted to sugary snacks(단 간식에 중독되었다).처럼 말할 수도 있습니다. I can't resist desserts.라고 해도 '디저트를 보면 참지 못한다'는 비슷한 의미가 되죠.

## 6 On my way home today, I just couldn't fight the hunger anymore.

| 오늘은 퇴근길에 도저히 허기를 참을 수 없었다 |

on my way home today는 '오늘 집에 돌아오는 길에'라는 뜻이죠. '오늘 외출하는 길에'는 on my way out today, '출근하는 길에'는 on my way to work today처럼 표현할 수 있습니다. 배고픔을 포함한 욕망이나 충동을 참는다고 할 때 hold back을 활용할 수 있으므로, I couldn't hold back my hunger today.도 허기를 참을 수 없었다는 말입니다.

## 7 Eating all that junk at once felt worse than not dieting at all.

| 안 좋은 것들을 몰아서 먹었으니 차라리 아무것도 안 하는 게 나았다 |

'정크푸드'라는 표현으로 익숙한 junk는 원래 '쓰레기'를 뜻하고 '몸에 안 좋은 음식'을 일컫죠. unhealthy food라고 표현해도 좋습니다. diet는 동사로도 쓰이므로, dieting은 '다이어트를 하는 것'을 말하죠. 그래서 not dieting at all은 '아예 다이어트를 안 하는 것'이 됩니다.

### 8 instead of trying to change everything overnight

| 확 바꾸려 하지 말고 |

overnight은 '하룻밤 사이에'라는 뜻으로, 단번에 일어나는 변화, 급격한 변화를 강조하는 부사입니다. '한 번에 모든 걸 바꾼다'는 의미로 change everything all at once라고 해도 좋죠.

### 9 I need to find a slower, more realistic approach that fits my daily routine.

| 내 생활 패턴에 맞춰 천천히 개선하는 방법을 찾아봐야겠다 |

approach는 '접근법', '방법'을 말하고, fit my daily routine은 '내 일상 패턴에 맞는다'라는 뜻이죠. routine은 형용사, 명사로 모두 쓰이므로, 여기처럼 '반복적인 일상'을 가리킬 수도 있습니다. 여기서 말하는 이상적인 개선법은 결국 점차적이고 지속 가능한 방법이므로, gradual, sustainable method라고 해도 어울리죠.

### 10 Now my stomach just feels upset from eating so much so quickly.

| 급히 이것저것 먹었더니 속이 불편하다 |

보통 화가 난다는 뜻으로 기억하는 upset은, 이처럼 속이 더부룩하거나 체한 느낌을 표현하기도 합니다. 같은 의미를 지닌 표현에 My stomach is acting up.도 있죠.

## Quick Quiz

1 다이어트를 결심하고 며칠 동안 잘 버텨왔다.

I decided to go on a diet and managed to hold ______ for a few days.

---

2 나는 내 몸매에 자신이 있다.

I'm generally ______ in my body shape.

---

3 내 문제는 탄수화물 섭취가 너무 많다는 거다.

My problem is that I eat too many ______.

---

4 게다가 단것도 많이 먹는다.

On top of that, I have a serious sweet ______.

---

5 급히 이것저것 먹었더니 속이 불편하다.

Now my stomach just feels ______ from eating so much so quickly.

답 **1.** out **2.** confident **3.** carbs **4.** tooth **5.** upset

# 7월11일

대학 때부터 나는 글 쓰는 것을 좋아했다. 하지만 지금 하는 일은 숫자와 보고서, 프로젝트 관리가 대부분이라, 열정과는 거리가 있다❶. 사회 초년생 때는 이 불일치가 나를 괴롭혔지만❷, 지금은 열정이 밥 먹여주지 않는다는 현실을 직시하고 있다. 글쓰기를 직업으로 삼았다면 마감과 압박 속에서 내가 사랑하던 일이 의무로 변했을지도❸ 모른다. 지금의 일이 내 열정과는 다르지만❹, 안정적인 생활을 보장받고, 글쓰기와 책읽기에 대한 열정을 유지하는 것은 나쁘지 않다. 직장 생활이 힘들 때, 언론에 보도되는 사람들처럼 과감하게 직장을 그만두고 내 열정을 찾아보면 어떨까 하는 충동도❺ 생긴다. 하지만 열정은 취미로 남겨두는 게 더 현명하다고 생각한다. 열정과 직업의 불일치가 꼭 불행을 의미하지는 않는다❻. 대부분의 사람들에게 그렇지 않을까❼?

I've enjoyed writing ever since college. But the work I do now mostly involves numbers, reports, and project management, which is a far cry from my passion. When I first started working, this mismatch really bothered me, but over time I've accepted the reality that passion alone doesn't pay the bills. If I had made writing my profession, the deadlines and pressure might have turned something I loved into an obligation. My job may not align with my passion, but it gives me stability, allowing me to keep my love for reading and writing alive. When work gets tough, I sometimes feel the urge to quit everything and chase my passion like the bold stories you see in the media. But I think keeping my passion as a hobby is the wiser choice. A mismatch between what you love and what you do doesn't automatically mean unhappiness. For most people, isn't that simply how life works?

## ❶ It's a far cry from my passion.

| 열정과는 거리가 있다 |

a far cry from ~은 '~와는 거리가 멀다'라는 뜻입니다. cry가 들어가지만 '울다'와는 무관하고, '멀리 떨어져 있다'는 의미만 강조하죠. 멀리서 나는 울음소리는 들리지 않을 것이므로, 관련이 없다는 의미를 지니게 되었습니다. 큰 차이를 강조하는 표현에 worlds apart도 있습니다. apart 앞에 worlds를 붙여 마치 서로 다른 세상인 것처럼 차이가 큼을 강조하죠. 위 문장도 It's worlds apart from what I love doing.처럼 말할 수 있습니다.

## ❷ When I first started working, this mismatch really bothered me.

| 사회 초년생 때는 이 불일치가 나를 괴롭혔다 |

when I first started working은 '사회 초년생 때'와 잘 어울리는 표현입니다. mismatch는 '불일치'를 뜻하죠. 여기서는 열정과 직업의 '차이'를 말하므로, difference라고 해도 좋습니다. bother는 '괴롭히다', '신경 쓰이게 하다'라는 의미인데, 감정적으로 불편하다고 할 때 get to me라는 표현도 있죠. This mismatch really got to me when I first started working.처럼 말할 수도 있습니다.

## ❸ The deadlines and pressure might have turned something I loved into an obligation.

| 마감과 압박 속에서 내가 사랑하던 일이 의무로 변했을지도 모른다 |

위 문장 앞의 if I had made writing my profession은 '글쓰기를 직업으로 삼았다면'이라는 뜻인데, 실제로는 그렇지 않았음을 전제로 한 가정법 과거완료 구문이죠. obligation은 '의무', '해야만 하는 일'을 일컫죠.

## ❹ My job may not align with my passion.

| 지금의 일이 내 열정과는 다르다 |

align with는 '~와 맞다', '일치하다'라는 뜻으로, 가치나 관심사, 목표가 서로 조화를 이루는지를 말할 때 쓰는 표현입니다. 같은 의미로 My job doesn't really match my passion. My work isn't in line with my passion.처럼 말할 수도 있습니다. '직업', '열정' 같은 명사를 쓰지 않고, What I do for a living is quite different from what I love.라고 해도 같은 뜻입니다. '내가 하는 일(what I do for a living)'과 '내가 좋아하는 것(what I love)'이 각각 '직업'과 '열정'이니까요.

## 5 I feel the urge to quit everything and chase my passion like the bold stories in the media.

| 언론에 보도되는 사람들처럼 과감하게 직장을 그만두고 내 열정을 찾아볼까 하는 충동도 생긴다 |

feel the urge to ~는 '~하고 싶은 강한 욕구/충동이 생기다'라는 표현입니다. chase my passion은 '내 열정을 좇다'라는 뜻이죠. chase 대신 follow를 써도 좋습니다. 하던 일을 그만두는 것은 과감한 결정이므로 bold stories라고 말했습니다.

## 6 A mismatch between what you love and what you do doesn't automatically mean unhappiness.

| 열정과 직업의 불일치가 꼭 불행을 의미하지는 않는다 |

'불일치'를 뜻하는 mismatch 대신 gap를 써도 좋죠. a gap between passion and work도 '열정과 직업의 불일치'를 표현합니다. not automatically mean은 '자동으로 ~을 의미하는 것은 아니다'라는 표현으로, 반드시 그런 결과가 생기는 건 아니라는 말입니다. not necessarily lead to unhappiness라고 할 수도 있습니다.

## ❼ For most people, isn't that simply how life works?

| 대부분의 사람들에게 그렇지 않을까? |

'인생이 작동하는 방식'으로 직역할 수 있는 how life works는 '인생이 돌아가는 방식', '인생의 이치'라는 뜻이죠. the way things are라고 해도 '일이 되어가는 방식', 즉 '인생의 이치'를 말합니다.

## Quick Quiz

1 열정과는 거리가 있다.

It's a far ______ from my passion.

2 사회 초년생 때는 이 불일치가 나를 괴롭혔다.

When I first started working, this mismatch really ______ me.

3 열정이 밥 먹여주지 않는다는 현실을 직시하게 되었다.

Over time I've accepted the reality that passion alone doesn't pay the ______.

4 직장을 그만두고 내 열정을 찾아보면 어떨까 하는 충동도 생긴다.

I sometimes feel the ______ to quit everything and chase my passion.

5 대부분의 사람들에게 그렇지 않을까?

For most people, isn't that simply how life ______?

답 **1.** cry **2.** bothered **3.** bills **4.** urge **5.** works

# 7월24일

오늘 문득 디지털 디톡스의 필요성을 느꼈다. 생각 없이 스마트폰 화면을 계속 넘기다가 문득 '이 시간이 아깝다'는 생각이❶ 들었다. 스마트폰은 분명 필요하다. 하지만 스마트폰 때문에 눈이 쉽게 피로해지고, 집중력이 떨어지며, 시간을 허비한다❷. 솔직히 디톡스에 성공하는 사람을 주변에서 못 봤다❸. 다들 시도는 하지만 결국 다시 스마트폰을 붙잡고 있게❹ 된다. 나도 '알아서 줄이면 되지 디톡스까지 필요하나❺' 하고 생각했다. 하지만 스마트폰 사용을 줄이는 계기는 필요할❻ 듯하다. 그래서 자기 전 30분 동안 스마트폰 만지지 않기, 출퇴근길에는 음악만 듣고 SNS는 열지 않기부터❼ 실천해 보려 한다. 스마트폰을 덜 쓰고, 나 자신에게 더 집중하는 시간을 만들어야겠다❽.

Today, I suddenly felt the need for a digital detox. I **caught myself mindlessly scrolling through** my phone and thought, "This is such a waste of time." Smartphones are undeniably useful, but they **strain my eyes**, **scatter my focus**, and quietly **eat away at my day**. Honestly, I've never seen anyone around me truly **succeed at a digital detox**. People try but eventually **go back to their old habits**. I used to think, "I can just reduce my usage **on my own**. **Why bother with** a detox?" But I'm starting to realize I need some kind of **trigger** to cut back. So I'm going to start by not touching my phone for 30 minutes before bed. Also, **during my commute**, I'll **stick to listening to music** instead of opening social media. I want to spend **less time on my screen** and more time focusing on myself.

**1 I caught myself mindlessly scrolling through my phone and thought, "This is such a waste of time."**
| 생각 없이 스마트폰 화면을 넘기다가 '이 시간이 아깝다'는 생각이 들었다 |

I caught myself ~는 '~하고 있는 나를 잡았다', 즉 '내가 ~하고 있음을 깨달았다'라는 말입니다. mindlessly scrolling through my phone은 아무 생각 없이 휴대폰 화면을 계속 넘긴다는 뜻으로, mindlessly가 들어가면서 멍하니 반복 행동을 하는 느낌이 잘 표현되었습니다. mindlessly 대신 '별 이유 없이'라는 뜻으로 for no reason라고 해도 좋죠.

**2 They strain my eyes, scatter my focus, and quietly eat away at my day.**
| 스마트폰 때문에 눈이 피로해지고, 집중력이 떨어지며, 시간을 허비한다 |

strain my eyes는 '눈에 무리를 주다', '눈을 피로하게 하다'라는 뜻이고, scatter my focus는 '집중력을 흩어지게 하다' 즉 집중력이 떨어진다는 말이죠. eat away at는 '서서히 갉아먹다', '조금씩 잠식하다'라는 관용 표현입니다. 시간을 잠식한다는 의미로 활용하고 있죠.

**3 I've never seen anyone around me truly succeed at a digital detox.**
| 디톡스에 성공하는 사람을 주변에서 못 봤다 |

'디지털 디톡스에 성공하다'를 succeed at a digital detox라고 했죠. 뭔가에 성공한다고 할 때 succeed in, succeed at을 모두 쓸 수 있는데, 업무나 작업에서 성공하는 경우에는 at이 어울리고 succeed in business처럼 좀 더 광범위한 목표에서 성공한다고 할 때는 in이 적절합니다.

**4 People try but eventually go back to their old habits.**
| 다들 시도는 하지만 결국 다시 스마트폰을 붙잡고 있게 된다 |

다시 스마트폰을 붙잡고 있는 옛날 습관으로 돌아간다는 의미에서 go back

to their old habits라고 했죠. 옛날 패턴으로 돌아간다는 뜻으로 return to their old patterns처럼 말해도 좋습니다.

## 5 I can just reduce my usage on my own. Why bother with a detox?

| 알아서 줄이면 되지 디톡스까지 필요하나 |

스스로 줄이면 된다는 의미로 on my own을 넣었죠. Why bother with a detox?는 주어가 없어 보이지만 완벽한 문장입니다. Why bother 뒤에 -ing형이나 with+명사를 넣으면 '~하려고 일부러 애쓸 필요가 있나?'라는 말입니다. 예를 들어 Why bother cleaning if the place get messy?는 '어차피 지저분해질 건데 뭣하러 청소를 해?'라는 뜻이고, Why bother with an umbrella when it's not raining?이라고 하면, '비도 안 오는데 우산은 뭣하러 챙겨?'라는 뜻입니다. 그냥 Why bother?만으로 '뭣하러 그렇게 하냐'라는 의미를 표현할 수도 있죠.

## 6 But I'm starting to realize I need some kind of trigger to cut back.

| 하지만 스마트폰 사용을 줄이는 계기는 필요할 듯하다 |

'방아쇠'를 뜻하는 trigger는 '계기', '촉발점'을 뜻하죠. 변화를 시작하게 만드는 외부적 자극을 말할 때 쓰면 됩니다. '촉매'를 뜻하는 catalyst도 같은 뜻으로 쓰이므로, I need some sort of catalyst to help me cut down.처럼 말해도 좋습니다.

## 7 During my commute, I'll stick to listening to music instead of opening social media.

| 출퇴근길에는 음악만 듣고 SNS는 열지 않을 거다 |

stick to, stick with는 어떤 것만 고수하거나 어떤 것에만 집중하는 모습을 말하죠. stay off social media라고 해도, stay off가 '멀리하다'라는 뜻이므로,

SNS를 피한다는 뜻이 됩니다. ‘SNS를 건너뛴다’는 의미로 skip social media라고 해도 좋죠.

## 8 I want to spend less time on my screen and more time focusing on myself.

| 스마트폰을 덜 쓰고, 나 자신에게 더 집중하는 시간을 만들어야겠다 |

screen이라고만 해도 ‘스마트폰’이나 ‘디지털 기기’를 지칭하게 되죠. smartphone이라는 말을 넣지 않아도 맥락상 의미가 충분히 전달됩니다. 단말기 들여다보는 시간을 줄인다는 뜻인 cut down on my screen time도 잘 어울립니다.

## Quick Quiz

1 생각 없이 스마트폰 화면을 계속 넘기다가 문득 ~라고 생각했다.

I ______ myself mindlessly scrolling through my phone and thought ~.

2 스마트폰 때문에 눈이 쉽게 피로해지고, 집중력이 떨어지며, 시간을 허비한다.

They strain my eyes, scatter my focus, and quietly eat away ______ my day.

3 알아서 줄이면 되지 디톡스까지 필요하나?

I can just reduce my usage on my own. Why ______ with a detox?

4 하지만 스마트폰 사용을 줄이는 계기는 필요할 듯하다.

But I'm starting to realize I need some kind of ______ to cut back.

5 스마트폰 덜 쓰고, 나 자신에게 더 집중하는 시간을 만들어야겠다.

I want to spend less time on my ______ and more time focusing on myself.

답 **1.** caught **2.** at **3.** bother **4.** trigger **5.** screen

# 8월3일

폭염이 끝이 없다❶. 매년 여름마다 기록적인 폭염이라는 말을 듣는데, 지구 온난화 문제가 심각하다는 걸 절감하게❷ 된다. 전 인류가 탄소 배출을 줄여서 정말로 온도를 낮출 수 있을지❸ 걱정하기 전에, 당장 이 여름을 어떻게 견뎌야 하나부터 걱정이다❹. 어제 밤에도 기온이 27도를 넘는 열대야가 계속되었다❺. 에어컨을 밤새 켜두자니 전기요금이 걱정돼 타이머를 맞추고 자는데❻, 새벽에 온도가 올라가면 더워서 다시 깨게 된다. 오늘도 멍한 기분으로 출근을 했다❼. 지하철이나 사무실에 있는 동안에는 에어컨 덕에 더위를 잠시 잊지만, 찬 바람을 너무 오래 쐬는 터라 두통이 있다❽. 역대급 더위라는 말을 정말 매년 들어야 하는 걸까? 얼른 가을이 찾아와❾ 선선한 공기 속을 걸어보고❿ 싶다.

The heatwave feels endless. Every summer seems to break a new record, which makes me realize how serious global warming has become. Before even thinking about whether humanity can truly cut carbon emissions enough to cool the planet, I'm more worried about how to get through this summer. Last night was another "tropical night," with temperatures staying above 27 degrees. Worried about the electricity bill, I set a timer instead of leaving the air conditioner on all night. But when the temperature rose at dawn, the heat woke me up. I went to work today feeling drained. The subway and office air-conditioning help me forget the heat for a moment, but being exposed to cold air for too long gives me a headache. Do we really have to hear "the hottest summer ever" every single year? I'm longing for autumn to arrive so I can finally walk through cool, crisp air again.

**1 The heatwave feels endless.**
| 폭염이 끝이 없다 |

'폭염', '고온 현상'은 heatwave로 표현할 수 있습니다. 끝이 업다는 뜻으로 endless를 썼는데, 더위나 추위, 폭우 등이 누그러지는 것을 let up이라고 하므로, The heat isn't letting up.처럼 표현해도 좋습니다.

**2 It makes me realize how serious global warming has become.**
| 지구 온난화 문제가 심각하다는 걸 절감하게 된다 |

how serious global warming has become처럼 말하지 않고, '온난화의 심각성'처럼 명사로 표현하려면 It reminds me of the seriousness of climate change.처럼 seriousness를 활용하면 됩니다. seriousness 대신 '심각성'을 뜻하는 severity, '규모'나 '중대성'을 뜻하는 magnitude를 써도 좋습니다.

**3 whether humanity can truly cut carbon emissions enough to cool the planet**
| 전 인류가 탄소 배출을 줄여서 정말로 온도를 낮출 수 있을지 |

humanity는 '인간애'를 일컫지만, humans 혹은 human race처럼 '인류 전체'라는 뜻도 지닙니다. '지구'는 the earth라고 해도 되고, 위 예문처럼 the planet이라고 표현하기도 합니다. 물론 planet은 여럿이지만, 환경 문제와 관련된 맥락에서는 '지구'를 말하죠.

**4 I'm more worried about how to get through this summer.**
| 당장 이 여름을 어떻게 견뎌야 하나부터 걱정이다 |

get through가 통과한다는 뜻을 지니므로, 여기처럼 '여름을 나다', '여름을 견디다'라는 의미로 활용할 수도 있습니다. 달리 make it through the summer라고 하거나, 더 극적으로 '이 여름에 살아남는다'는 의미로 survive this summer라고 할 수도 있죠.

### 5 Last night was another "tropical night."

| 어제 밤에도 기온이 27도를 넘는 열대야가 계속되었다 |

우리가 즐겨 쓰는 '열대야'에 해당하는 영어 표현은 없습니다. 마치 열대지방의 더운 밤과 같다는 의미에서 tropical night라고 할 수밖에 없지만 일반적인 표현은 아니죠. 그냥 '매우 더운 밤'이라는 뜻에서 sweltering night, scorching night처럼 말하는 것이 더 자연스럽습니다. sweltering, scorching은 각각 숨막히는 무더위와 높은 기온을 묘사하는 단어입니다.

### 6 Worried about the electricity bill, I set a timer instead of leaving the air conditioner on all night.

| 에어컨을 밤새 켜두자니 전기요금이 걱정돼 타이머를 맞추고 잤다 |

bill이 '고지서'를 뜻하므로, electricity bill은 '전기요금'이죠. 에어컨을 '켜둔 채로 두다'라고 말하기 위해 leave the air conditioner on이라고 했습니다. 기기를 작동하는 것을 run이라고 하므로, instead of running it all night라고 해도 좋습니다.

### 7 I went to work today feeling drained.

| 오늘도 멍한 기분으로 출근을 했다 |

원래 drained는 액체가 모두 빠져나간 상태를 말하는데, 사람에게 쓰면 에너지나 기력이 바닥난 모습을 묘사합니다. exhausted와 비슷한 의미로 활용하면 되죠.

## ❽ Being exposed to cold air for too long gives me a headache.

| 찬 바람을 너무 오래 쐬는 터라 두통이 있다 |

I have a headache from being in the cold air too long.이라고 하지 않고, 두통을 유발하는 원인을 주어 자리에 두고 '나에게 두통을 준다(give me a headache)'라고 했죠. 주어에 원인을 놓는 영어다운 문장입니다.

## ❾ I'm longing for autumn to arrive.

| 얼른 가을이 찾아오기를 바란다 |

계절이 찾아오는 것도 arrive로 표현할 수 있습니다. long for ~는 어떤 것을 간절히 바란다는 뜻인데, I can't wait for autumn to come(가을이 너무 기대되어 기다리기가 힘들다). 혹은 I'm really looking forward to the arrival of autumn.처럼 말해도 좋습니다.

## ❿ I can finally walk through cool, crisp air again.

| 선선한 공기 속을 걷게 되다 |

crisp는 원래 음식의 바삭한 식감을 표현하는 단어인데, 공기에 쓰이면 '차갑고 상쾌한', '건조한'이라는 의미가 됩니다. 건조하고 서늘한 가을 공기를 묘사하기에 적당한 단어죠. walk through를 활용해 '가을 공기 속을 걸어가다'라고 했지만, 가을 공기를 호흡한다는 말도 되므로, I can finally breathe in that crisp autumn air again.처럼 표현해도 좋습니다.

## Quick Quiz

1 폭염이 끝이 없다.

The heatwave feels ______.

2 전 인류가 탄소 배출을 줄여서 정말로 온도를 낮출 수 있을지 걱정하기 전에

before even thinking about whether ______ can truly cut carbon emissions enough to cool the planet

3 에어컨을 밤새 켜두지 않고 타이머를 맞추고 잤다.

I set a timer instead of ______ the air conditioner on all night.

4 얼른 가을이 찾아오기를 바란다.

I'm ______ for autumn to arrive.

5 선선하고 상쾌한 공기 속을 걷게 되다.

I can finally walk through cool, ______ air again.

답 **1.** endless **2.** humanity **3.** leaving **4.** longing **5.** crisp

# 8월19일

오늘 사무실에서 프린터와 씨름하는 박대리를 도와주었다. 프린터 안쪽에 종이가 찢긴 채로 끼여❶ 문제가 생겼는데 해결을 못 하고 있었다❷. 내가 옆에서 지켜보다가 프린터 뚜껑을 열고 토너를 꺼낸 후 종이를 빼내어 문제를 해결했다❸. 기계는 정직하다. 오류가 나는 데에는 반드시 이유가 있고, 그 이유를 찾으면 해결할 수 있다. 그런데 박대리는 안된다고 짜증만 내고 있었다❹. 남자들은 침착하게 살펴보면 해결될 일을 힘으로만 밀어붙이려❺ 하는 것 같다. 여자는 기계를 잘 모를 거라는 생각도 편견이다❻. 나는 차분하게 기계의 구조를 이해하고 문제를 풀어내는 데 자신이 있다❼. 박대리는 내가 쉽게 해결하자 놀란 듯 웃으며 고마워했다. 혹시 박대리가 여성에 대한 편견 같은 것이 있었다면❽, 그런 것이 바로잡히는 계기가 되었길❾ 바란다.

Today at the office, I helped Assistant Manager Park, who was struggling with the printer. A torn sheet of paper had jammed inside, causing the problem, but he couldn't figure out how to fix it. After watching for a moment, I opened the printer cover, removed the toner, and pulled the paper out, resolving the issue. Machines are honest. There's always a reason for an error, and once you find it, you can fix it. Park kept getting irritated because the machine didn't work the way he expected. It seems some men tend to push through with force instead of calmly checking what's wrong. And the assumption that women don't understand machines is an outdated stereotype. I take pride in my ability to understand how a device works and solve problems step-by-step. When I fixed it so easily, Park looked surprised, then smiled and thanked me. If he held any bias about women, I hope this experience helped change his mind.

## ❶ A torn sheet of paper had jammed inside.

| 프린터 안쪽에 종이가 찢긴 채로 끼였다 |

jam은 '걸리다', '막히다'라는 뜻으로, 프린터나 복사기에 종이가 끼여 있는 상황을 표현할 때 적절한 단어입니다. '끼여 있다'라는 우리말 때문에 수동형으로 표현해야 할 것 같지만, be jammed가 아니라 jam이라고만 하면 되죠. 비슷한 의미인 stick을 활용할 때는 A ripped piece of paper got stuck inside the printer.처럼 수동형으로 표현해야 자연스럽습니다.

## ❷ He couldn't figure out how to fix it.

| 해결을 못 하고 있었다 |

figure out은 '해결책을 찾아내다' 정도 의미죠. 고장난 기계나 잘못된 방향을 고친다고 할 때는 fix를 활용하면 됩니다. '어찌할 줄을 몰라 하고 있었다'라고 He just couldn't figure out what to do with it.처럼 말해도 좋죠.

## ❸ I opened the printer cover, removed the toner, and pulled the paper out, resolving the issue.

| 프린터 뚜껑을 열고 토너를 꺼낸 후 종이를 빼내어 문제를 해결했다 |

'열다', '제거하다', '빼내다'에 해당하는 open, remove, pull을 활용하여 쉽게 표현하고 있죠. '문제를 해결하다'를 resolve the issue라고 했는데, solve와 resolve는 뉘앙스 차이가 있죠. solve은 구체적인 해결책이나 정답을 찾아낸다는 뜻이고, resolve는 문제나 갈등을 종식시킨다는 의미입니다. 위 예문의 경우에는 둘 다 가능합니다.

## ❹ Park kept getting irritated because the machine didn't work the way he expected.

| 그런데 박대리는 안된다고 짜증만 내고 있었다 |

irritated는 짜증 섞인 감정 상태를 일컫죠. 기계가 말을 안 듣자 짜증을 내는 것이므로, the way he expected, 즉 '그가 생각한 방식대로'라고 했습니

다. 짜증이 난 상태는 annoyed로 표현해도 좋고, 생각대로 되지 않아 투덜거리고 있었다면 투덜거린다는 뜻인 grumble을 활용해 He just kept grumbling that it wouldn't work.라고도 할 수 있습니다.

## 5 Some men tend to push through with force instead of calmly checking what's wrong.

| 남자들은 침착하게 살펴보면 해결될 일을 힘으로만 밀어붙이려 하는 것 같다 |

push through with force는 말 그대로 '힘으로 밀어붙이다'라는 말입니다. 반대로 calmly checking what's wrong은 '침착하게 뭐가 문제인지 살펴보는 모습'을 일컫죠. 차분하게 살피지 않고 바로 힘에 의존한다는 의미에서 Some men tend to resort to force instead of calmly checking what's wrong.라고 해도 좋죠. resort to ~는 최후의 수단으로 어떤 것에 의존한다는 뜻입니다.

## 6 The assumption that women don't understand machines is an outdated stereotype.

| 여자는 기계를 잘 모를 거라는 생각도 편견이다 |

assumption은 '근거 없이 하는 생각', '가정'이라는 뜻입니다. 사실처럼 받아들이지만 실제로는 편견일 수 있는 생각을 말하죠. stereotype은 타인에 대한 뻔한 이미지나 편견을 말하므로, outdated stereotype은 '시대에 뒤떨어진 고정관념'이라는 말이 됩니다. 뒤에 나오는 bias도 '편견'을 뜻하죠. '잘못된 인식'이라는 뜻의 misconception이라고 해도 좋습니다.

## 7 I take pride in my ability to understand how a device works and solve problems step-by-step.

| 나는 차분하게 기계의 구조를 이해하고 문제를 풀어내는 데 자신이 있다 |

take pride in ~은 '~을 자랑스럽게 여기다', '~에 자신감을 느끼다'라는 뜻입니다. step-by-step은 차근차근 해결해 나가는 모습을 강조하죠. 이렇게 기술적인 문제를 해결하는 것을 troubleshoot이라고 하므로, figure out how things work and troubleshoot them step-by-step이라고 표현하면 '어떻게 작동하는지 파악하고 문제점을 하나씩 해결하다'라는 말입니다.

## ❽ if he held any bias about women
| 혹시 박대리가 여성에 대한 편견이 있었다면 |

여기서는 '편견'을 bias라고 했죠. bias는 특정 집단에 대한 왜곡된 인식을 뜻합니다. 역시 '편견'을 뜻하는 prejudice를 활용해도 좋죠.

## ❾ I hope this experience helped change his mind.
| 그런 것이 바로잡히는 계기가 되었길 바란다 |

생각을 바꾼다는 의미에서 change his mind라고 했는데, '바로잡다'라는 뜻인 correct를 활용해, I hope this was a chance for him to correct it.처럼 표현해도 좋습니다.

## Quick Quiz

1 프린터 안쪽에 종이가 찢긴 채로 끼였다.

A torn sheet of paper had ______ inside.

2 해결을 못 하고 있었다.

He couldn't figure out how to ______ it.

3 남자들은 침착하게 살펴보면 해결될 일을 힘으로만 밀어붙이려 하는 것 같다.

Some men tend to push through with ______ instead of calmly checking what's wrong.

4 여자는 기계를 잘 모를 거라는 생각도 편견이다.

The assumption that women don't understand machines is an outdated ______.

5 혹시 박대리가 여성에 대한 편견이 있었다면

if he held any ______ about women

답 **1.** jammed **2.** fix **3.** force **4.** stereotype **5.** bias

# 8월31일

나는 여행이 좋다. 모든 대륙을 다 가보겠다든가 하는 야망은 없지만, 해외 여행을 가는 것은 비용과 시간을 들일 만큼 가치 있는 일이다❶. 국내에도 좋은 곳이 많다는 것을 안다. 하지만 새로움을 접하는 것이 여행의 목적이라면, 해외 여행이 더 가치있지❷ 않나? 나는 어느 도시를 가든 박물관을 방문하고자❸ 한다. 문화와 역사 체험을 통해 그곳의 이야기를 알고 나면, 풍경이 다르게 보이고, 음식도 더 깊은 맛을 느낄❹ 수 있다. 여행은 단순한 소비가 아니라 삶을 풍요롭게 하는 과정이다❺. 새로운 풍경을 보고 낯선 언어를 듣는 순간, 내 시야가 더 넓어진다❻. 돌아와서도 오래 남는 기억들은 나를 더 채워준다❼. 욕심내지 않고, 작은 여행을 꾸준히 이어갈❽ 거다.

I love traveling. While I don't have a grand ambition to visit every continent, I do believe that traveling abroad is worth the time and money. I know there are many wonderful places within my own country. But if the purpose of travel is to experience something new, isn't going abroad even more meaningful? Wherever I go, I make a point of visiting a museum. Once I learn the stories of a place through its culture and history, the scenery looks different, and even the food tastes richer. Travel isn't just consumption. It's a way of enriching my life. New sights and unfamiliar languages broaden my perspective. The memories that linger long after I return home continue to inspire me. I don't need big ambitions. I just want to keep taking small, meaningful trips at my own pace.

## ❶ I do believe that traveling abroad is worth the time and money.

| 해외 여행을 가는 것은 비용과 시간을 들일 만큼 가치 있는 일이다 |

is worth the time and money는 '시간과 돈을 들일 가치가 있다'는 뜻으로, worth 뒤에 명사를 넣어 가치가 있다는 의미를 전달합니다. 그냥 worth it이라고만 말하는 경우도 많은데, worth it 자체가 '그만한 가치가 있다'는 뜻의 관용 표현이라고 보면 됩니다.

## ❷ If the purpose of travel is to experience something new, isn't going abroad even more meaningful?

| 새로움을 접하는 것이 여행의 목적이라면, 해외 여행이 더 가치 있지 않나 |

'가치 있다'라는 우리말에 충실하려면, Traveling abroad offers greater value.처럼 말할 수 있습니다. 문맥상 '의미 있다'는 뜻인 meaningful로 표현해도 자연스럽죠.

## ❸ Wherever I go, I make a point of visiting a museum.

| 나는 어느 도시를 가든 박물관을 방문하고자 한다 |

make a point of는 '꼭 ~하려고 한다', '일부러 ~을 실천한다'는 의미입니다. 달리 I always make sure to visit a museum wherever I travel.처럼 make sure를 활용하거나 I have a habit of stopping by a museum in every city I visit.처럼 '~하는 습관이 있다'라고 표현해도 좋죠.

## ❹ The scenery looks different, and even the food tastes richer.

| 풍경이 다르게 보이고, 음식도 더 깊은 맛을 느낄 수 있다 |

scenery는 '풍경'이나 '경치'를 말하죠. tastes richer에서 richer는 '더 풍부한', '더 깊은'이라는 뜻입니다. 우리말 '구수한 맛'이 '깊은 맛'을 가리키는 경우, rich taste로 번역할 수 있습니다.

## ❺ Travel isn't just consumption. It's a way of enriching my life.

| 여행은 단순한 소비가 아니라 삶을 풍요롭게 하는 과정이다 |

enrich는 '더 풍부하게 만들다'라는 의미로, 물질적인 것보다는 정신적/정서적 풍부함을 가리킵니다. '깊이를 더한다'는 뜻에서 It's something that adds depth to my life(내 삶에 깊이를 더하는 무엇이다).처럼 표현해도 좋고, depth 대신 value(가치), richness(풍성함), significance(중요함) 같은 단어도 어울립니다.

## ❻ New sights and unfamiliar languages broaden my perspective.

| 새로운 풍경을 보고 낯선 언어를 듣는 순간, 내 시야가 더 넓어진다 |

여기서 broaden은 물리적 확장이 아니라 정신적/지적 확장을 표현하죠. '지평을 넓힌다'라는 뜻인 broaden one's horizons도 비슷한 뜻으로 많이 등장합니다. 시야가 넓어지는 것은 세상을 달리 보는 것이므로, Traveling helps me see things differently.처럼 쉽게 말해도 좋죠.

## ❼ The memories that linger long after I return home continue to inspire me.

| 돌아와서도 오래 남는 기억들은 나를 더 채워준다 |

'서성대다'라는 뜻의 linger는 오래 남아있거나 사라지지 않는 모양을 표현하기에도 적절합니다. '나를 채워준다'는 fill me처럼 직역하지 않고, continue to inspire me라고 했습니다. 내게 힘과 에너지를 준다는 뜻으로 inspire를 쓴 거죠. 앞서 등장한 enrich를 활용해 The memories that remain continue to enrich me. 즉, '여행 후 남는 기억들이 계속 내 삶을 풍성하게 해 준다'라고 해도 자연스럽습니다.

## 8 I just want to keep taking small, meaningful trips at my own pace.

| 욕심내지 않고, 작은 여행을 꾸준히 이어갈 거다 |

'욕심내지 않고'라는 뉘앙스는 따로 표현하지 않고, small과 at my own pace를 통해 충분히 전달하고 있습니다. at my own pace는 '나만의 속도로'라는 의미죠.

## Quick Quiz

1 해외 여행은 비용과 시간을 들일 만큼 가치 있는 일이다.
Traveling abroad is ______ the time and money.

2 나는 어느 도시를 가든 박물관을 방문하고자 한다.
Wherever I go, I make a ______ of visiting a museum.

3 풍경이 다르게 보이고, 음식도 더 깊은 맛을 느낄 수 있다.
The scenery looks different, and even the food tastes ______.

4 여행은 단순한 소비가 아니라 삶을 풍요롭게 하는 과정이다.
Travel isn't just consumption. It's a way of ______ my life.

5 새로운 풍경을 보고 낯선 언어를 들으면 내 시야가 더 넓어진다.
New sights and unfamiliar languages ______ my perspective.

답 **1.** worth **2.** point **3.** richer **4.** enriching **5.** broaden

# 9월14일

피크 시즌을 피해 9월에 휴가를 다녀온 건 똑똑한 선택이었다❶. 항공편도 비싸지 않게 잘 구했고, 관광지에도 사람이 적어서 여유롭게 즐길❷ 수 있었다. 하지만 회사에 돌아온 순간 잠시 누렸던 행복이 산산이 부서졌다❸. 메일함을 열자마자 수백 통의 메일이 나를 기다리고 있었다. 동료들은 휴가 잘 다녀왔냐는 덕담을 하는 둥 마는 둥 하더니 바로 밀린 일 이야기로❹ 돌입한다. 휴가를 다녀온 게 오히려 더 큰 짐이 되어 돌아온❺ 것 같아 차라리 안 갔으면 어땠을까 하는 생각까지❻ 들었다. 역시 내가 없는 동안에도 세상은 빠르게 돌아가고 있었다. 다음에는 휴가 이후를 좀 더 계획적으로 준비해야겠다는❼ 생각이 든다. 일 생각을 조금은 하면서 쉬어야 하는❽ 게 직장인의 운명인가보다.

Taking my vacation in September to avoid the peak season turned out to be a smart move. I found reasonably priced flights, and the tourist spots were less crowded. I could enjoy everything at a relaxed pace. However, the moment I returned to the office, that brief happiness crumbled. As soon as I opened my inbox, hundreds of emails were waiting for me. My coworkers barely asked how my vacation was before jumping straight into the backlog of tasks. It felt like taking a vacation had come back to me as an even heavier burden, and I even wondered if I would've been better off not going at all. The world kept moving fast while I was away. Next time, I think I need to prepare more carefully for the aftermath of a vacation. Maybe this really is the fate of office workers — trying to rest while still keeping work in the back of our minds.

## ❶ Taking my vacation in September to avoid the peak season turned out to be a smart move.

| 피크 시즌을 피해 9월에 휴가를 다녀온 건 똑똑한 선택이었다 |

turned out to be는 '결과적으로 ~로 드러났다'는 의미로, 최종적인 평가를 말할 때 유용합니다. proved to be도 같은 뜻이죠. smart move는 '현명한 선택', '좋은 판단'이라는 뜻입니다. wise decision, clever decision이라고 해도 좋습니다.

## ❷ I found reasonably priced flights, and the tourist spots were less crowded.

| 항공편도 비싸지 않게 잘 구했고, 관광지에도 사람이 적었다 |

reasonably priced는 '합리적인 가격', 즉 지나치게 싸지도 비싸지도 않은 가격을 말합니다. '감당 가능한'이라는 뜻인 affordable을 활용해 The price was affordable.이라고 해도 같은 뜻이죠. tourists spot은 관광지를 말하는데, tourist sites라고도 하죠.

## ❸ The moment I returned to the office, that brief happiness crumbled.

| 회사에 돌아온 순간 잠시 누렸던 행복이 산산이 부서졌다 |

벚꽃 관련 일기에도 나온 brief는 짧게 지속됨을 표현하는데, fleeting도 같은 뜻이죠. crumbled는 '산산이 부서졌다', '와르르 무너졌다'라는 뜻인데, 여기처럼 어떤 감정이 갑자기 사라지는 모습을 묘사하기에도 적절합니다. 앞서 등장했던 fall apart를 활용해, As soon as I got back to work, all that happiness just fell apart처럼 말해도 좋습니다.

**4 My coworkers barely asked how my vacation was before jumping straight into the backlog of tasks.**

| 동료들은 휴가 잘 다녀왔냐는 덕담을 하는 둥 마는 둥 하더니 바로 밀린 일 이야기로 돌입한다 |

barely가 '거의 ~하지 않았다'라는 뜻이므로, barely ~ before ~는 '거의 ~하지 않고 ~했다'라는 의미입니다. before를 썼지만, barely 부분이 먼저 일어나고 before 부분이 나중에 일어나는 시간의 선후관계를 고려해서 자연스럽게 해석하면 됩니다. backlog는 원래 장작더미 깊숙한 곳에 쌓여 있는 장작(log)을 가리키는데, 비유적으로 밀린 업무를 말할 때 빈번히 쓰이는 단어입니다. jump into는 어떤 일을 시작한다는 뜻이죠. dive into라고 하기도 합니다.

**5 It felt like taking a vacation had come back to me as an even heavier burden.**

| 휴가를 다녀온 게 오히려 더 큰 짐이 되어 돌아온 것 같다 |

우리말을 직역하듯 영어로 옮겨도 자연스럽죠. come back to me가 돌아온다는 뜻을, burden이 '짐'을 표현합니다. 결과적으로 그렇게 되었다는 뜻이니, My vacation ended up becoming an extra weight on my shoulders.처럼 end up -ing를 활용해도 되죠.

**6 I even wondered if I would've been better off not going at all.**

| 차라리 안 갔으면 어땠을까 하는 생각까지 들었다 |

실제로는 휴가를 갔지만 안 갔으면 어땠을까 가정해 보는 것이므로, 가정법 과거완료를 활용해 I would've been better off(더 좋았을지도 모른다)라고 했죠. would have been이라는 시제에 주목하세요. better off -ing는 '~하는 편이 더 낫다'라는 뜻입니다. 반드시 off가 있어야 하죠.

## ⑦ I need to prepare more carefully for the aftermath of a vacation.

| 휴가 이후를 좀 더 계획적으로 준비해야겠다 |

aftermath는 어떤 사건 뒤에 남는 '여파'나 '후유증'을 뜻합니다. aftermath of a vacation은 '휴가가 어떤 결과를 가져올지' 정도로 해석할 수 있죠. 결국 휴가 뒤에 닥칠 일들을 생각해야 한다는 말이므로, I should plan ahead for what comes after a vacation.처럼 표현해도 좋습니다.

## ⑧ trying to rest while still keeping work in the back of our minds

| 일 생각을 조금은 하면서 쉬어야 하는 |

in the back of one's mind은 완전히 잊어버리지 않고 머리나 마음 한구석에 둔다는 뜻입니다. 일 생각을 완전히 내려놓지 못하는 상황을 묘사하기에 적절한 표현이죠.

## Quick Quiz

1 9월에 휴가를 다녀온 건 똑똑한 선택이었다.

Taking my vacation in September turned out to be a smart ______.

2 회사에 돌아온 순간 잠시 누렸던 행복이 산산이 부서졌다.

The moment I returned to the office, that brief happiness ______.

3 동료들은 휴가 잘 다녀왔냐는 덕담을 하는 둥 마는 둥 하더니 바로 밀린 일 이야기로 돌입한다.

My coworkers ______ asked how my vacation was before jumping straight into the ______ of tasks.

4 차라리 안 갔으면 어땠을까 하는 생각까지 들었다.

I even wondered if I would've been better ______ not going at all.

5 일 생각을 조금은 하면서 쉬어야 한다.

I have to rest while still keeping work in the ______ of my mind.

답 **1.** move **2.** crumbled **3.** barely, backlog **4.** off **5.** back

# 9월17일

아침 출근길에 선선한 바람이 불어와서 기분이 한결 가벼워졌다❶. 여름 내내 너무 더워서 고생이 많았는데 이제야 숨통이 트이는 듯하다. 힘겹게 걸었던 출근길이 이제는 상쾌하게❷ 느껴진다. 사람들의 표정도 밝아진❸ 것 같다. 여름내 지친 몸을 추스리고 다시 생산적으로 일해야겠다는 다짐이❹ 생긴다. 계절이 바뀌면 마음도 새로워지고, 일에 대한 태도도 달라지는❺ 것 같다. 선선한 바람은 단순히 날씨의 변화가 아니라 내 삶의 리듬을 다시 찾아주는 신호❻ 같다. 출근길에 느낀 활기가 하루 종일 이어져서 업무에도 긍정적인 영향을❼ 주었다. 당분간 이 선선한 기운을 잘 활용해❽ 더 생산적으로 일해야겠다.

A cool breeze greeted me on my morning commute, instantly lifting my mood. After struggling through the intense heat all summer, I finally feel like I can breathe again. The commute that once felt exhausting now feels refreshing. Even people's faces look brighter. I feel motivated to recover from the summer's fatigue and work productively again. Seasonal changes always seem to reset my mindset and shift my attitude toward work. The cool breeze feels like more than just a change in weather. It feels like a signal helping me regain my rhythm in life. The energy I felt on my way to work stayed with me throughout the day and positively influenced my tasks. I want to make the most of this refreshing air for a while and work more efficiently.

**1 A cool breeze greeted me on my morning commute, instantly lifting my mood.**
| 아침 출근길에 선선한 바람이 불어와서 기분이 한결 가벼워졌다 |

greeted me는 '바람이 나를 맞이했다'는 의인화된 표현이죠. lift my mood는 '내 기분을 들어올리다', 즉 '기분을 가볍게 했다'는 말입니다. lift my spirits도 같은 뜻입니다.

**2 The commute that once felt exhausting now feels refreshing.**
| 힘겹게 걸었던 출근길이 이제는 상쾌하게 느껴진다 |

exhausting은 완전히 지치게 한다는 뜻이죠. 그와 반대되는 '상쾌함'은 refreshing으로 표현하고 있습니다. refreshing은 '상쾌한', '기분을 환기시키는' 정도로 해석하면 됩니다. 전체적으로 아침에 느끼는 에너지를 표현하고 있으므로, The commute that used to drain me now energizes me.처럼 drain과 energize을 대비하여 표현해도 좋죠.

**3 Even people's faces look brighter.**
| 사람들의 표정도 밝아진 것 같다 |

표정이 밝아 보인다고 할 때 '밝다'는 우리말과 마찬가지로 bright로 표현할 수 있습니다. 달리 The expressions on people's faces seem lighter.라고 해도 '표정이 가벼워졌다'라는 비슷한 의미가 되죠.

**4 I feel motivated to recover from the summer's fatigue and work productively again.**
| 여름내 지친 몸을 추스리고 다시 생산적으로 일해야겠다는 다짐이 생긴다 |

'추스리다'는 recover from the summer's fatigue, 즉 '여름 동안 쌓인 피로를 회복하다' 정도로 표현하면 적절합니다. motivate가 동기부여를 한다는 뜻이므로, I feel motivated to ~는 '~하겠다는 의지가 생긴다' 정도 의미

가 되죠.

## ❺ Seasonal changes always seem to reset my mindset and shift my attitude toward work.

| 계절이 바뀌면 마음도 새로워지고, 일에 대한 태도도 달라지는 것 같다 |

'마음가짐'이라는 뜻의 '마음'은 mind가 아니라 mindset으로 표현해야 자연스럽죠. 그래서 reset my mindset은 '마음을 새로 고쳐 잡는다'는 의미가 됩니다. 마음을 새롭게 한다는 의미에서 refresh my mindset이라고 해도 좋죠. shift가 전환한다는 뜻이므로, shift my attitude toward work는 '일에 대한 태도를 바꾼다'라는 말이 됩니다.

## ❻ It feels like a signal helping me regain my rhythm in life.

| 단순히 날씨의 변화가 아니라 내 삶의 리듬을 다시 찾아주는 신호 같다 |

'신호'를 signal이라고 했는데, 대신 cue라고 해도 좋습니다. cue는 방송이나 연기를 시작하라는 '큐 사인', 즉 신호를 말하죠. It feels like a cue that helps me find my pace again.처럼 표현해도 같은 뜻이 됩니다. regain은 말 그대로 '다시 얻다', '되찾다'라는 뜻이죠.

## ❼ The energy stayed with me throughout the day and positively influenced my tasks.

| 활기가 하루 종일 이어져서 업무에도 긍정적인 영향을 주었다 |

stayed with me throughout the day는 그 활기가 '하루 종일 내 곁에 머물렀다'는 의미로, 감정이나 분위기가 지속적으로 영향을 미쳤음을 표현하고 있습니다. influence는 명사, 동사로 모두 쓰이므로, '영향을 주다'라고 할 때도 활용할 수 있죠.

### ❽ I want to make the most of this refreshing air for a while.

| 당분간 이 선선한 기운을 잘 활용해야겠다 |

앞에서도 등장했던 make the most of는 '최대한 잘 활용하다'라는 의미로, 주어진 환경이나 기회에서 '최대한 뽑아내는' 모양을 가리킵니다. 잘 이용한다는 뜻인 take advantage of를 써도 좋죠.

## Quick Quiz

1 아침 출근길에 선선한 바람이 불어와서 기분이 한결 가벼워졌다.

A cool breeze greeted me on my morning commute, instantly lifting my ______.

2 계절이 바뀌면 마음도 새로워지고, 일에 대한 태도도 달라지는 것 같다.

Seasonal changes always seem to ______ my mindset and shift my attitude toward work.

3 선선한 바람은 내 삶의 리듬을 다시 찾아주는 신호 같다.

It feels like a signal helping me ______ my rhythm in life.

4 출근길에 느낀 활기가 하루 종일 이어졌다.

The energy I felt on my way to work ______ with me throughout the day.

5 이 선선한 기운을 잘 활용해야겠다.

I want to make the ______ of this refreshing air.

답 **1.** mood **2.** reset **3.** regain **4.** stayed **5.** most

# 9월30일

내 집 꾸미기에 몰두한 하루였다❶. 가을도 되고 해서 분위기를 좀 바꿔 볼까❷ 하는 마음이 들었다. 그래서 작은 소품도 새로 들이고, 조명을 바꿔 보았는데, 인공지능으로 색깔이 바뀌는 조명을 설치하니 집안 분위기가 확 달라졌다❸. 작은 변화지만 느껴지는 차이가 컸다❹. 불빛 하나로 공간이 더 아늑해진 듯하고, 마음도 차분해졌다❺. 저녁에 조명을 은은하게 하고 책을 읽으니❻ 카페에 온 듯한 기분이 들었다. 계절이 바뀔 때마다 집도 조금씩 변화를 주면 삶이 더 풍요로워지는❼ 것 같다. 집단장은 큰돈을 들이지 않아도 충분히 가능하다❽. 소품 하나, 조명 하나가 주는 힘은 생각보다 크다❾. 앞으로도 계절마다 작은 변화를 주며 집을 더 따뜻하고 아늑하게❿ 만들고 싶다.

I spent the day completely absorbed in decorating my home. With autumn arriving, I wanted to change the atmosphere a bit. I bought a few new decorative items and changed the lighting. Once I installed AI-controlled color-changing lights, the entire mood of the space transformed. It was a small tweak, but the difference was remarkable. A single light made the room feel cozier and brought a sense of calm. In the evening, when I dimmed the lights and sat down with a book, it felt almost like being in a café. I think giving my home small seasonal updates makes life feel richer. You don't need a big budget to redecorate. A single accessory or light can go a long way. I plan to keep making small seasonal updates to ensure my home always feels warm and inviting.

## ❶ I spent the day completely absorbed in decorating my home.

| 내 집 꾸미기에 몰두한 하루였다 |

absorb는 액체를 흡수한다는 뜻인데, be absorbed in은 어떤 것에 흡수된 것처럼 몰입하거나 몰두한다는 의미입니다. completely absorbed라고 하면, 다른 생각이 끼어들 틈 없이 한 가지 일에 깊이 빠져 있었다는 말이 됩니다. devote가 '바치다'라는 의미이므로 I devoted my day to decorating my home.처럼 말해도 같은 뜻이 되죠.

## ❷ With autumn arriving, I wanted to change the atmosphere a bit.

| 가을도 되고 해서 분위기를 좀 바꿔 볼까 하는 마음이 들었다 |

계절이 찾아오는 것도 arrive로 표현할 수 있죠. with autumn arriving은 '가을이 찾아오면서'라는 의미로, with는 어떤 일이 동시에 일어나는 상황을 묘사합니다. '분위기'를 atmosphere로 표현했지만, change things up이라고 해도 '분위기를 바꿔 본다'는 말이 됩니다. With the arrival of fall, I felt the urge to change things up a little(충동을 느꼈다).처럼 표현할 수도 있죠.

## ❸ Once I installed AI-controlled color-changing lights, the entire mood of the space transformed.

| 인공지능으로 색깔이 바뀌는 조명을 설치하니 집안 분위기가 확 달라졌다 |

AI-controlled color-changing lights는 '인공지능이 컨트롤하는 색이 바뀌는 조명'이라는 말이죠. 여기서는 공간이 주는 전체적인 느낌이나 분위기를 mood라고 했는데, '기분'에 중점을 둔 '분위기'는 atmosphere보다 mood가 더 잘 어울립니다. '분위기'를 뜻하는 단어로 요즘 많이 들을 수 있는 vibe도 있죠. After installing AI powered lights, the vibe of my home changed completely.처럼 표현할 수도 있습니다.

## ❹ It was a small tweak, but the difference was remarkable.

| 작은 변화지만 느껴지는 차이가 컸다 |

tweak은 '작은 조정', '사소한 변화'라는 의미로, 큰 공사나 대대적인 변화와 대비되는 작은 변화를 일컫죠. small tweak 대신 minor change를 활용해도 좋죠. '차이가 크다'는 두드러진다는 뜻의 remarkable로 표현했습니다.

## ❺ A single light made the room feel cozier and brought a sense of calm.

| 불빛 하나로 공간이 더 아늑해진 듯하고, 마음도 차분해졌다 |

공간에서 느끼는 아늑한 느낌을 cozy라고 합니다. brought a sense of calm은 '차분함을 가져다주었다'는 표현으로 '마음이 차분해졌다'와 잘 어울립니다.

## ❻ when I dimmed the lights and sat down with a book

| 조명을 은은하게 하고 책을 읽으니 |

dim the lights는 '조명을 은은하게 낮추다'라는 뜻이죠. 밝기를 줄여 따뜻하고 편안한 느낌을 만든다고 할 때 씁니다. sit down with a book은 단순히 책을 들고 앉았다는 말이 아니라, 독서를 위해 편안히 앉아 책을 읽는다는 의미입니다. I sat down with her and had a conversation.이 '차분히 앉아 이야기를 나누었다'는 표현인 것과 마찬가지입니다.

## ❼ I think giving my home small seasonal updates makes life feel richer.

| 계절이 바뀔 때마다 집도 조금씩 변화를 주면 삶이 더 풍요로워지는 것 같다 |

small seasonal updates는 '계절마다 주는 작은 변화'라는 의미입니다. makes life feel richer라고 했는데, 여기서 rich는 물질적 풍요보다 정서적 만족감을 나타내죠.

## 8 You don't need a big budget to redecorate.

| 집단장은 큰돈을 들이지 않아도 충분히 가능하다 |

'돈'을 표현하는 유용한 단어 중에 '예산'을 뜻하는 budget도 있습니다. You don't need a big budget.은 결국 큰돈이 들지 않는다는 말이죠. redecorate은 말 그대로 '다시 꾸미다'라는 뜻입니다. 새롭게 바꾼다는 의미에서 refresh your home이라고 해도 좋죠.

## 9 A single accessory or light can go a long way.

| 소품 하나, 조명 하나가 주는 힘은 생각보다 크다 |

can go a long way는 멀리 간다는 뜻이 아니라 '큰 효과를 낼 수 있다'는 관용 표현입니다. '거리'가 아니라 '효과'를 말한다는 점에 주의해야 하죠. Even a small accessory or light can make a big difference.와 같은 뜻입니다.

## 10 ensure my home always feels warm and inviting

| 집을 더 따뜻하고 아늑하게 만들다 |

ensure는 뭔가를 확실히 한다는 뜻이죠. make sure와 비슷한 말입니다. 앞에서는 아늑한 느낌을 cozy로 표현했는데, 여기서는 warm and inviting이라고 했죠. '초대하다'에서 나온 inviting은 자주 방문하고 싶게 만든다는 뜻이죠. 결국 따뜻함과 편안함을 나타내는 표현입니다.

## Quick Quiz

1 내 집 꾸미기에 몰두한 하루였다.
I spent the day completely ________ in decorating my home.

2 작은 변화지만 느껴지는 차이가 컸다.
It was a small ________, but the difference was remarkable.

3 조명을 은은하게 하고 책을 읽으니
when I ________ the lights and sat down with a book

4 집단장은 큰돈을 들이지 않아도 충분히 가능하다.
You don't need a big ________ to redecorate.

5 소품 하나, 조명 하나가 주는 힘은 생각보다 크다.
A single accessory or light can ________ a long way.

답 **1.** absorbed **2.** tweak **3.** dimmed **4.** budget **5.** go

# 10~12
# 월의
# 일기

# 10월7일

일하면서 회의는 불가피하지만, 비생산적인 회의 문화는 정말 싫다❶. 오늘도 출근하자마자 회의가 세 개나 잡혔다❷. 문제는 각자 의견만 늘어놓거나 반복되는 얘기들을 너무 많이 한다는❸ 점이다. 이렇게 하루 종일 회의에 묶여 있으면 정작 해야 할 일은 못 하게❹ 된다. 메일로 충분히 공유할 수 있는 내용도 굳이 모여서 얘기해야 하는지 이해가 되지 않는다❺. 우선, 회의 시간을 줄이고 꼭 필요한 안건만 다뤄야 한다. 또, 회의 전에 자료를 미리 공유하고 모두가 내용을 숙지해야❻ 한다. 그리고 결론과 실행 계획까지 반드시 정리해야❼ 한다. 그렇지 않으면 회의는 결국 시간 낭비다. 내가 윗사람이 되면 회의 확 줄이고, 이런 원칙을 확실히 지킬❽ 거다. 다음 주에는 또 얼마나 많은 회의가 나를 지치게 할지❾.

Meetings are unavoidable at work, but I really dislike unproductive meeting culture. Today alone, I had three meetings scheduled as soon as I arrived. The problem is that people endlessly voice their opinions or repeat the same points over and over. When I'm tied up in meetings all day, I can't get my actual work done. I don't understand why we have to gather in person to discuss things that could easily be handled over email. First of all, meetings should be shorter, focused, and limited to what truly matters. Materials ought to be shared beforehand so everyone joins prepared, and every meeting should end with clear decisions and actionable plans. Otherwise, meetings are just a waste of time. If I ever become a manager, I'll drastically cut down on meetings and enforce these principles. I can't help but wonder how many meetings will exhaust me again next week.

**1 Meetings are unavoidable at work, but I really dislike unproductive meeting culture.**

| 일하면서 회의는 불가피하지만, 비생산적인 회의 문화는 정말 싫다 |

'불가피하다'는 unavoidable이나 inevitable 대신 '일의 일부다'라고 할 수도 있죠. Meetings are part of the job.처럼 표현하면 됩니다. '싫다'도 '못 견디겠다'는 의미로 I can't stand inefficient meeting habits.처럼 표현할 수 있죠.

**2 I had three meetings scheduled as soon as I arrived.**

| 출근하자마자 회의가 세 개나 잡혔다 |

회의를 잡는 것은 schedule a meeting이라고 하죠. 대신 plan, arrange, organize와 같은 동사를 써도 좋습니다. '줄줄이 대기 중'이라는 의미를 강조하려면, I had three meetings lined up.처럼 '줄을 서다'라는 뜻인 line up을 활용할 수 있습니다.

**3 People endlessly voice their opinions or repeat the same points over and over.**

| 각자 의견만 늘어놓거나 반복되는 얘기들을 너무 많이 한다 |

voice는 동사로 '의견을 말하다'라는 뜻입니다. voice one's opinion이 자신의 의견을 표출한다는 말이죠. over and over를 넣어 같은 주장만 되풀이하는 모습을 강조하고 있는데, again and again이라고 해도 잘 어울립니다.

**4 When I'm tied up in meetings all day, I can't get my actual work done.**

| 하루 종일 회의에 묶여 있으면 정작 해야 할 일은 못 하게 된다 |

tied up은 '꼼짝 못하게 묶인'이라는 뜻이죠. 일정에 매여 있거나 어떤 일로 매우 바쁘다는 뜻입니다. 예를 들어 I was tied up all afternoon.은 '오후 내내 바빴다'는 말이죠. '실제로 중요한 업무', '본래 해야 하는 일'을 actual work라고 했는데, real tasks, real work라고 해도 좋습니다.

### 5 I don't understand why we have to gather in person.

| 왜 굳이 모여서 얘기해야 하는지 이해가 되지 않는다 |

in person은 '직접', '대면으로'라는 의미로, 온라인이나 비대면 방식과 대비됩니다. physically라고도 표현하는데, 사람 몸이 직접 움직이는 상황을 가리키죠.

### 6 Materials ought to be shared beforehand so everyone joins prepared.

| 회의 전에 자료를 미리 공유하고 모두가 내용을 숙지해야 한다 |

beforehand는 '사전에', '미리'라는 뜻이죠. in advance도 같은 의미입니다. so everyone joins prepared에서 so는 '~하기 위해'라는 뜻이고, join prepared는 '준비된 상태로 참여한다'라는 말입니다. 전체를 해석하면 '모두가 준비된 상태로 참여하기 위해'가 되죠.

### 7 Every meeting should end with clear decisions and actionable plans.

| 결론과 실행 계획까지 반드시 정리해야 한다 |

should end with ~라고 했으므로, 어떻게 회의를 끝내야 하는지를 강조합니다. actionable은 실행 가능하다는 뜻이죠. 역시 -able를 붙인 workable, doable도 같은 의미입니다.

### 8 I'll drastically cut down on meetings and enforce these principles.

| 회의 확 줄이고, 이런 원칙을 확실히 지킬 거다 |

drastically는 '급격하게', '과감하게'라는 뜻이죠. The temperature dropped drastically(온도가 급격히 떨어졌다). The company's strategy shifted drastically(기업의 전략이 확 바뀌었다).처럼 급격한 변화를 강조할 때 씁니다. enforce는 법이나 규칙을 실행한다는 뜻이죠. 권력을 지닌 사람이 약간 강제로 시행한다는 뉘앙스를 지닙니다. '실행하다'라는 뜻만 표현하려면 implement these principles라고 하면 되고, 원칙을 '고수하다'라고 말하려면 stick to these principles가 어울립니다.

## 9 I can't help but wonder how many meetings will exhaust me again next week.

| 다음 주에는 또 얼마나 많은 회의가 나를 지치게 할지 |

I can't help but wonder ~는 '저절로 궁금해진다', '궁금하지 않을 수 없다'는 뜻이죠. exhaust me 대신, 앞에서도 소개한 진을 빠지게 한다는 뜻인 drain me, 지치게 한다는 wear me out을 활용해도 좋습니다.

## Quick Quiz

1 오늘도 회의가 세 개나 잡혔다.

Today alone, I had three meetings ______.

2 각자 의견만 늘어놓거나 반복되는 얘기들을 너무 많이 한다.

People endlessly ______ their opinions or repeat the same points.

3 하루 종일 회의에 묶여 있으면 정작 해야 할 일은 못 하게 된다.

When I'm ______ up in meetings all day, I can't get my actual work done.

4 결론과 실행 계획까지 반드시 정리해야 한다.

Every meeting should end with clear decisions and ______ plans.

5 회의 확 줄이고, 이런 원칙을 확실히 지킬 거다.

I'll drastically cut down on meetings and ______ these principles.

답 **1.** scheduled **2.** voice **3.** tied **4.** actionable **5.** enforce

# 10월15일

어렸을 때 멍멍이 냥이 모두 키워 봤는데, 나 혼자 사는 지금은 냥이가 나의 친구다❶. 퇴근 후 지친 몸을 이끌고 집에 들어서면❷ 나를 기다리고 있는 냥이가 반갑다. 오늘은 퇴근하자마자 쇼파에 앉아 고양이 낚싯대를 흔들었다. 거실을 전력 질주하며❸ 사냥에 성공한 뒤 엉덩이를 실룩거리는❹ 녀석을 보니 나도 모르게 웃음이 터졌다. 냥이와 놀아주는 이 시간이 하루에 가장 큰 활기를 주는 순간이다. 멍멍이도 좋아하지만 내가 집사의 삶을 마다하지 않는 이유는❺ 언제든 나를 웃게 만드는 순수한 에너지❻ 때문이다. 폴짝 뛰어오르거나❼ 손을 휘저을❽ 때 그 작은 몸에서 뿜어져 나오는 에너지를 보면 약간은 신기하기도❾ 하고, 나도 덩달아 기운이 나는❿ 것 같다. 이 녀석이 건강히 오래 내 곁에 있기를 바란다.

I had both dogs and cats when I was young, but living alone now, my cat has become my closest **companion**. After **trudging home** from a long day at work, seeing my cat waiting for me at the door always makes me happy. Today, the moment I got home, I sat on the sofa and started waving his toy. Watching him **sprint across the living room**, successfully **catch his prey**, and **wiggle his little backside in triumph** made me laugh out loud. Playing with him is the most energizing moment in a day. I love dogs too, but the reason **I don't mind living the life of a cat person** is because of the pure energy that **never fails to** make me smile. When he **leaps into the air** or **swats his paws with all his might**, the **burst of energy** from that tiny body feels almost magical. It **lifts my spirits** too. I just hope he stays healthy by my side for a long time.

## ❶ My cat has become my closest companion.

| 나 혼자 사는 지금은 냥이가 나의 친구다 |

'반려 동물'을 companion animal이라고 하죠. companion은 '동반자'인데, 친구(friend)보다 더 깊고 따뜻한 느낌이 있어 반려동물과의 유대감을 잘 표현합니다.

## ❷ after trudging home from a long day at work

| 퇴근 후 지친 몸을 이끌고 집에 들어서면 |

trudging home은 '터덜터덜 집으로 돌아오다'라는 뜻입니다. 동사 trudge의 발음에서 터덜터덜 걷는 이미지가 느껴지죠. long day는 '일이 많고 피곤한 하루'를 일컫습니다. 단순히 길다는 뜻이 아니라, 정신적/육체적 피로를 강조하는 표현이죠.

## ❸ watching him sprint across the living room

| 거실을 전력 질주하는 것을 보고 |

sprint across the living room은 '거실을 가로질러 전력 질주하다'라는 뜻이죠. sprint는 단거리 육상 선수가 뛰는 것처럼 짧고 빠른 폭발적 움직임을 묘사합니다. dash도 빠르게 뛴다는 뜻이므로, seeing him dash through the living room라고 해도 어울립니다.

## ❹ wiggle his little backside

| 엉덩이를 실룩거리다 |

wiggle은 '씰룩거리다'라는 의미로, 신체 부위를 빠르게 흔드는 움직임을 묘사합니다. backside는 엉덩이를 말하는데, 같은 의미를 지닌 단어에 butt, hips도 있죠. butt은 좀 더 일상적이고 캐주얼한 표현이고, hips는 골반을 가리킵니다.

## ❺ the reason I don't mind living the life of a cat person

| 내가 집사의 삶을 마다하지 않는 이유 |

고양이를 키우는 사람을 '집사'라고 유머러스하게 부르는 경우가 많은데, '집사'를 뜻하는 butler로 표현하면 어색하죠. 고양이 주인이라는 의미로 cat owner, cat parent, cat mom처럼 표현하는 것이 더 자연스럽고, 고양이를 좋아하는 사람이라는 뜻인 cat person도 어울립니다.

## ❻ because of the pure energy that never fails to make me smile

| 언제든 나를 웃게 만드는 순수한 에너지 때문 |

fail to가 '~하지 못한다'는 뜻이므로, never fails to make me smile은 '언제나 나를 웃게 만든다'는 말입니다.

## ❼ leaps into the air

| 폴짝 뛰어오르다 |

leap은 '폴짝 뛰다', '껑충 뛰다'라는 의미로 jump보다 더 탄력 있는 움직임을 묘사합니다. 마치 스프링이 튀어 오르듯 한다는 뜻에서 springs into the air라고 해도 좋습니다.

## ❽ swat his paws with all his might

| 있는 힘을 다해 손을 휘젓다 |

swat은 '훽 치다', '휘두르다'라는 의미로, 고양이가 장난감을 향해 앞발을 빠르게 내지르는 동작을 묘사합니다. paw가 동물의 '앞발'을 가리키죠. might가 '힘'을 뜻하므로, with all his might는 '있는 힘을 다해'라는 뜻이 되죠. 달리 swing his paws with full force라고 해도 온 힘을 다해 앞발을 휘두른다(swing)는 말입니다.

## 9 The burst of energy from that tiny body feels almost magical.

| 그 작은 몸에서 뿜어져 나오는 에너지를 보면 약간은 신기하기도 하다 |

burst는 순간적으로 뿜어져 나오는 것을 묘사하죠. burst of laughter, burst of anger(분노)와 같이 쓰입니다. burst of energy는 '순간적으로 폭발하듯 뿜어져 나오는 에너지'를 일컫습니다. 놀랍거나 신기한 것은 amazing이라고 표현하는데, 여기처럼 '마치 마술과도 같다'는 의미에서 magical이라고 해도 잘 어울립니다.

## 10 It lifts my spirits too.

| 나도 덩달아 기운이 나는 것 같다 |

앞서 등장한 lift my mood처럼 lift my spirits는 '기운을 북돋다', '마음을 밝게 해주다'라는 뜻입니다. 보통 spirit을 '영혼'으로 기억하는데, 우리말 '기분', '마음 상태'를 일컫기도 하죠.

## Quick Quiz

1 나 혼자 사는 지금은 냥이가 나의 친구다.

My cat has become my closest ______.

2 퇴근 후 지친 몸을 이끌고 집에 들어서면

after ______ home from a long day at work

3 언제든 나를 웃게 만드는 순수한 에너지 때문

because of the pure energy that never ______ ______ make me smile

4 폴짝 뛰어오르거나 손을 휘저을 때

when he ______ into the air or swats his paws with all his might

5 그 작은 몸에서 뿜어져 나오는 에너지를 보면 신기하기도 하다.

The ______ of energy from that tiny body feels almost magical.

답 **1.** companion **2.** trudging **3.** fails to **4.** leaps **5.** burst

# 10월29일

처음 소개팅을 할 때는 긴가민가 했던❶ 사람이 이제는 내 남자친구가 되고, 진지하게 만난 지도 여섯 달 째다❷. 일이 좀 힘들다는 얘기를 요 며칠 했더니❸ 내가 안돼 보였는지❹, 오늘은 퇴근길에 남친이 나를 데리러 와서 따뜻한 저녁을 사줬다❺. 저녁 메뉴도 그렇고, 저녁 먹고 카페에 갔을 때도, 내 마음을 꿰뚫어 본 듯❻ 말하지 않았는데도 내가 좋아하는 것들만 주문했다❼. 처음 만났을 때 느낀 그 느낌 그대로, 자상하고 따뜻하고 배려해주는 모습이 한결 같은❽ 게 내가 남친을 좋아하는 이유다. 누군가 나를 세심하게 살피고 있다는 느낌❾, 그게 우리가 연애로부터 기대하는 것 아닐까. 사랑은 거창한 게 아니라, 이렇게 조용히 마음을 나누는 일인지도❿ 모르겠다.

When we first met on a blind date, I wasn't sure about him, but now he's my boyfriend. We've been seeing each other seriously for six months. I'd been complaining about how tough work was lately, and I must have looked worn out. Today he surprised me by picking me up after work and taking me out for a warm dinner. The menu he chose, and even what he ordered later at the café, made me feel as if he could see right through me. He picked all my favorites without me having to say a word. The gentle, warm, and considerate way he treats me—the same way he did when we first met—is exactly why I like him. That feeling of being truly cared for is, perhaps, what we really seek in a relationship. Maybe love isn't something dramatic, but the quiet way two people share their hearts.

### ① When we first met on a blind date, I wasn't sure about him.

| 처음 소개팅을 할 때는 긴가민가 했다 |

앞서 '소개팅하다'를 go on a blind date로 표현했죠. on a blind date만 '소개팅에서'라는 의미로 활용할 수 있습니다. not sure about은 확신이 없고 판단이 서지 않는 상태를 말할 때 쓰는 표현입니다. '확신이 안 서다'는 not convinced로 표현할 수도 있으므로, I wasn't quite convinced about him at first.라고 해도 같은 뜻입니다.

### ② We've been seeing each other seriously for six months.

| 진지하게 만난 지도 여섯 달 째다 |

see는 단순히 '보다'가 아니라, 데이트하는 이성이 있다는 뜻도 됩니다. She's seeing someone.은 '만나는 사람이 있다'는 말이죠. 진지하게 사귀는 것이니 seriously를 넣었습니다. 남녀가 사귄다는 뜻을 나타내는 표현도 다양한데, We've been in a serious relationship for six months.라고 해도 되고, We've been dating seriously for half a year.도 좋습니다.

### ③ I'd been complaining about how tough work was lately.

| 일이 좀 힘들다는 얘기를 요 며칠 했다 |

'불평하다'라는 뜻인 complain을 활용해 힘들다고 호소한다는 의미를 전달하고 있죠. complain은 환자가 불편함이나 통증을 호소한다는 뜻도 됩니다. The patient complained of chest pain.는 '환자는 가슴 통증을 호소했다'라는 의미죠. 일이 힘들다고 할 때, tough, rough, hard 모두 잘 어울립니다.

### ❹ I must have looked worn out.
| 내가 안돼 보였는지 |

must have looked ~는 '~처럼 보였음에 틀림없다'라는 뜻이죠. look은 '~처럼 보이다'라는 뜻도 지니므로, look 다음에 어떻게 보였는지에 해당하는 표현만 넣으면 됩니다. 여기서는 looked worn out이라고 했는데, 지치게 만든다는 뜻인 wear out의 과거분사입니다.

---

### ❺ He surprised me by picking me up after work and taking me out for a warm dinner.
| 퇴근길에 남친이 나를 데리러 와서 따뜻한 저녁을 사줬다 |

예상치 않게 찾아왔으므로 he surprised me by ~라고 했습니다. 누군가를 데리고 가는 것을 pick up으로 표현하죠. take me out은 '나를 데리고 나가다'라는 뜻인데, 저녁을 사주기 위해 데리고 나갔으므로 take me out for a warm dinner라고 했습니다.

---

### ❻ as if he could see right through me
| 내 마음을 꿰뚫어 본 듯 |

see through는 말 그대로 '꿰뚫어 보다'라는 뜻입니다. 여기서는 속마음까지 알아차린 듯한 모습을 표현하는데, right까지 넣어 '완전히', '정확히'를 강조하고 있죠. 마음을 읽는 것을 read one's mind라고 하므로, as if he could read my mind라고 해도 같은 뜻이 됩니다.

---

### ❼ He picked all my favorites without me having to say a word.
| 말하지 않았는데도 내가 좋아하는 것들만 주문했다 |

without이 전치사이므로 뒤에 having to처럼 -ing의 형태가 나오는데, having to의 주체가 누구인지를 표현하기 위해 me를 넣은 것입니다. without me having to ~가 '내가 ~할 필요 없이'라는 뜻이라고 기억하고 활용하면 되겠습니

다. pick은 '고르다'이죠. 여기서는 음식이나 음료를 고른다는 뜻으로 활용했습니다.

**8 the gentle, warm, and considerate way he treats me – the same way he did when we first met**

| 처음 만났을 때 그대로, 자상하고 따뜻하고 배려해주는 모습이 한결 같음 |

gentle, warm, considerate은 각각 '자상한', '따뜻한', '배려하는'이라는 뜻입니다. '한결같다'를 여기서는 the same way he did when we first met, 즉 '처음 만났을 때와 같은 방식으로'라고 표현했죠. 꾸준하고 한결 같은 모습을 steady라고 하므로, his steady warmth and kindness라고 해도 한결 같은 따뜻함과 자상함을 일컫죠.

**9 that feeling of being truly cared for**

| 누군가 나를 세심하게 살피고 있다는 느낌 |

'케어하다'라는 외래어처럼, care for는 누군가를 살피고 아낀다는 뜻입니다. the feeling of being truly cared for가 '누군가가 나를 진심으로 챙기고 이해해 주는 느낌'을 표현하죠. 쉬운 단어들로만 이뤄져 있지만 근사한 표현입니다.

**10 Love isn't something dramatic, but the quiet way two people share their hearts.**

| 사랑은 거창한 게 아니라, 이렇게 조용히 마음을 나누는 일이다 |

dramatic은 흔히 쓰는 외래어 '드라마틱한'과 잘 어울립니다. '사랑은 거창한 게 아니다'는 Love isn't loud or flashy.처럼 말할 수도 있습니다. loud는 '요란하다'와 잘 어울리고, showy, flashy는 겉모습만 거창한 모습을 부정적으로 묘사합니다. 마음을 나누는 것을 share one's heart라고 했는데, 서로 마음을 연다는 뜻으로 open our hearts to each other처럼 말해도 자연스럽죠.

## Quick Quiz

1 처음 소개팅을 할 때는 긴가민가 했다.

When we first met on a blind date, I wasn't ______ about him.

2 진지하게 만난 지도 여섯 달 째다.

We've been ______ each other seriously for six months.

3 내가 안돼 보였는지.

I must have looked ______ ______.

4 내 마음을 꿰뚫어 본 듯

as if he could see right ______ me

5 누군가 나를 세심하게 살피고 있다는 느낌

that feeling of being truly ______ for

답 **1.** sure **2.** seeing **3.** worn, out **4.** through **5.** cared

# 11월16일

업무 평가 시즌이다❶. 직급이 높을수록 평가에 더 신경을 쓰는 듯하고❷, 더 긴장하는 것 같다. 명예퇴직이다 뭐다 해서 직장에서 빨리 밀려난다는❸ 이야기를 들을 때마다 나도 살짝 불안해진다. 아직은 먼 미래 얘기지만, 언젠가는 나도 그 길을 걷게 될까❹ 생각해보게 된다. 특히 워킹맘이 된다면 퇴직할 때까지 일하게 될까 하는 질문을 자주 해본다. 여성들은 경력 단절이 걱정이다❺. 결혼과 출산, 육아라는 삶의 과정 속에서 커리어가 끊길❻ 거라는 불안이 있다. 평가 시즌이 되면 더 내 미래를 생각하게 되는 것 같다. 결국 중요한 건 길게 보고 커리어를 쌓아가는❼ 일일 것이다. 나만의 길을 꾸준히 이어가는 힘을 길러야한다❽.

It's performance review season. The higher the position, the more people seem to care about their evaluations, and the more nervous they become. Whenever I hear all the talk about early retirement or how quickly people are being pushed out these days, I can't help feeling a bit anxious myself. It's still a remote possibility, but I wonder whether I'll eventually face the same path. I often ask myself whether I'd be able to keep working until retirement if I became a working mom. Many women worry about career gaps. There is a constant fear that marriage, childbirth, and childcare might interrupt or even derail a career. Review season makes me think more seriously about my future. In the end, what matters most is building a career with a long-term perspective. I need to cultivate the strength to keep walking my own path without losing my momentum.

### ❶ It's performance review season.
| 업무 평가 시즌이다 |

회사에서의 업무성과는 보통 performance로 표현하죠. '평가'는 review도 좋고, evaluation도 어울립니다. It's time for annual evaluations.라고 표현해도 좋죠.

### ❷ The higher the position, the more people seem to care about their evaluations.
| 직급이 높을수록 평가에 더 신경을 쓰는 듯하다 |

'~할수록 더 ~하다'는 뜻인 'the 비교급, the 비교급' 문형은, the 비교급 다음에 주어+동사가 오기도 하고, 위 예문의 The higher the position처럼 단어만 쓰이기도 합니다. 'the 비교급' 문형을 쓰지 않고, People in senior positions tend to care more about how they are evaluated. 즉 '직급이 높은 사람들이 평가에 더 신경쓰는 경향이 있다'라고 표현해도 좋죠.

### ❸ how quickly people are being pushed out these days
| 직장에서 빨리 밀려나는지 |

people are being pushed out은 '사람들이 밀려나고 있다'로 직역할 수 있는데, 회사에서 밀려나는 것을 말할 때도 적절한 표현입니다. force out도 힘으로 내보내는 것을 말하므로, how fast people are being forced out lately라고 해도 같은 뜻이죠.

### ❹ It's still a remote possibility, but I wonder whether I'll eventually face the same path.
| 아직 먼 미래 얘기지만, 언젠가는 나도 그 길을 걷게 될까 생각해보게 된다 |

remote possibility는 먼(remote) 미래에 일어날 일, 즉 '가능성이 아주 낮은 일'을 뜻합니다. eventually face the same path는 '결국 같은 길을 직면하다'라는 말이죠. 길을 간다는 의미를 살리려면 go down the same path라고 할 수 있습니다. 달리 end up in the same situation(같은 상황에 처하다), eventually go through the same thing(같은 일을 겪다)처럼 표현해도 좋습니다.

## ⑤ Many women worry about career gaps.

| 여성들은 경력 단절이 걱정이다 |

career gap은 경력이 중단되는 기간을 뜻하며, 특히 여성들의 '경력 단절'을 표현하기에 적절합니다. 쉰다는 뜻인 take time off를 활용해 Women are concerned about taking time off from work. 또는 쉬는 기간을 뜻하는 break를 활용해 Women feel anxious about breaks in their career.처럼 표현할 수도 있죠.

## ⑥ Marriage, childbirth, and childcare might interrupt or even derail a career.

| 결혼과 출산, 육아라는 삶의 과정 속에서 커리어가 끊길 거라는 불안이 있다 |

interrupt는 방해하거나 잠시 중단시킨다는 뜻으로, 커리어가 일시적으로 중단되는 것을 표현하죠. derail은 '탈선시키다'입니다. 커리어를 열차에 빗대어, 제 궤도에서 벗어난다는 의미로 활용하고 있죠. 잠시 중단시킨다는 뜻의 pause를 활용해 Life events like marriage and having children can pause a woman's career.처럼 표현해도 좋습니다.

## ⑦ What matters most is building a career with a long-term perspective.

| 결국 중요한 건 길게 보고 커리어를 쌓아가는 일일 것이다 |

long-term perspective는 '장기적인 시각'이라는 뜻으로, 멀리 바라보는 모습을 표현하기에 적당합니다. long-term vision이라고 해도 같은 의미가 되죠. 커리어는 쌓아 가는 것이기 때문에, build a career라는 표현이 자연스럽습니다.

### 8 I need to cultivate the strength to keep walking my own path without losing my momentum.

| 나만의 길을 꾸준히 이어가는 힘을 길러야한다 |

배양한다는 뜻의 cultivate는 '힘'이나 '능력'을 기른다고 할 때도 씁니다. keep walking my own path은 '나만의 길을 계속 걸어간다'는 의미죠. stay on my path(내 길 위에 머문다), 혹은 keep my pace(내 페이스를 유지한다)라고 해도 같은 뜻입니다. without losing my momentum은 '추진력을 잃지 않고'라는 말입니다. momentum이 '추진력', '동력'을 뜻하죠.

## Quick Quiz

1 직장에서 얼마나 빨리 밀려나는지

how quickly people are being ______ out these days

2 아직은 먼 미래 얘기지만, 언젠가는 나도 그 길을 걷게 될까 생각해본다.

It's still a ______ possibility, but I wonder whether I'll eventually face the same path.

3 여성들은 경력 단절이 걱정이다.

Many women worry about career ______.

4 결혼과 출산, 육아라는 삶의 과정 속에서 커리어가 끊길 거라는 불안이 있다.

Marriage, childbirth, and childcare might interrupt or even ______ a career.

5 나만의 길을 가는 힘을 길러야한다.

I need to ______ the strength to keep walking my own path.

답 **1.** pushed **2.** remote **3.** gaps **4.** derail **5.** cultivate

# 11월18일

얼마 전 받은 건강검진 결과가 나왔다❶. 전반적으로 문제는 없지만 신경 써야 할 것들은 있었다❷. 아직 젊다 보니 혈압이나 콜레스테롤 수치는 괜찮았는데, 위염과 역류성 식도염 증상이 약간❸ 있다. 역시 먹는 것을 신경써야❹ 하고, 집에 있을 때 밥 먹고 바로 눕는 습관을 고쳐야❺ 한다. 그리고 체지방률이 약간 높아 내장비만에도 신경을 써야❻ 한다. 감추고 싶은 뱃살들이 건강검진 결과 다 드러난 셈이다❼. 역시 운동부족과 스트레스, 불규칙한 식사와 야식 등이 문제라는❽ 말이다. 나뿐 아니라 거의 모든 직장인에게 해당하는 얘기가❾ 아닐까 싶고, 그래도 전반적으로 건강한 편이라 큰 걱정은 없다. 회사가 내게 해주는 의미 있는 배려 중 하나가 건강검진이다. 회사에 대해 고맙게 느껴지는❿ 날이다.

I just received the results from my recent medical checkup. While there is nothing serious, a few areas need attention. Since I'm still young, my blood pressure and cholesterol levels are fine, but I have a mild case of gastritis and signs of acid reflux. It's a reminder that I need to be more mindful of my eating habits and stop lying down right after meals at home. My body fat percentage was also a bit high, which means I should keep an eye on visceral fat. In a way, the checkup exposed all the belly fat I'd been trying to hide. As expected, lack of exercise, stress, irregular meals, and late-night snacks are the culprits. Honestly, this is probably the case for most office workers, and since I'm generally healthy, I'm not too worried. A comprehensive checkup is one of the most meaningful benefits my company provides, and today, I feel genuinely grateful for that.

### ❶ I just received the results from my recent medical checkup.

| 얼마 전 받은 건강검진 결과가 나왔다 |

medical checkup이 '건강검진'이죠. 그 결과를 받았으므로 received the results라고 했는데, '나왔다'는 의미를 강조하려면 The results from my recent health checkup just came in.처럼 come in을 활용하면 되죠.

### ❷ While there is nothing serious, a few areas need attention.

| 전반적으로 문제는 없지만 신경 써야 할 것들은 있었다 |

There is nothing serious.는 '심각한 문제는 없다'는 뜻이죠. Everything looks fine(다 괜찮다). 혹은 Nothing major showed up(중요한 문제는 나타나지 않았다).처럼 표현해도 자연스럽습니다. '분야', '영역'은 area로 표현하면 되고, need attention은 '주의가 필요하다', 즉 '관리해야 한다'는 의미입니다.

### ❸ I have a mild case of gastritis and signs of acid reflux.

| 위염과 역류성 식도염 증상이 약간 있다 |

'가벼운 정도의 어떤 증상이 있다'고 할 때 have a mild case of ~라고 표현합니다. gastritis는 '위염'을 뜻하죠. gastr-가 '위'와 관련된 접두사이고, -itis는 '염증'을 표현합니다. gastroscopy가 '위내시경'이고, arthritis, dermatitis, hepatitis가 각각 '관절염', '피부염', '간염'을 뜻하죠. reflux는 거꾸로(re) 흐른다(flux)는 뜻이라서 '역류성 식도염'을 가리키게 됩니다.

### ❹ I need to be more mindful of my eating habits.

| 역시 먹는 것을 신경써야 한다 |

be mindful of는 '신경 쓰다', '의식적으로 관리하다'라는 의미죠. eating

habits는 '식습관'을 뜻하며, 무엇을, 언제, 어떻게 먹는지를 모두 포괄합니다. 위 문장은 I should pay closer attention to what I eat.라고 해도 좋습니다. I really need to watch my diet.라는 문장도 있죠. 먹는 것(diet)을 주의해서 지켜본다는 뜻입니다.

### 5 I need to stop lying down right after meals at home.

| 집에 있을 때 밥 먹고 바로 눕는 습관을 고쳐야 한다 |

lie down이 '눕다'이고, right after meals는 '식사하자마자'라는 뜻이죠. '습관'은 habit이므로, '그런 습관을 고쳐야 한다'는 I should break the habit of ~처럼 표현해도 좋습니다.

### 6 My body fat percentage was also a bit high, which means I should keep an eye on visceral fat.

| 체지방률이 약간 높아 내장비만에도 신경을 써야 한다 |

'체지방'은 body fat, 내장지방은 visceral fat이라고 합니다. 모두 건강검진에서 자주 언급되는 용어들이죠. keep an eye on ~은 '~을 주의깊게 살피다'라는 뜻이므로, 건강을 위해 신경을 쓴다고 할 때도 잘 어울리죠.

### 7 In a way, the checkup exposed all the belly fat I'd been trying to hide.

| 감추고 싶은 뱃살들이 건강검진 결과 다 드러난 셈이다 |

in a way는 '어찌 보면'이라는 뜻이죠. expose는 감추려 하는 것을 드러낸다는 뜻입니다. reveal도 비슷한 뜻으로 쓰이죠. 감춘다는 뜻으로 hide를 활용하고 있지만, 달리 The checkup exposed all the belly fat I'd been pretending wasn't there.처럼 말할 수도 있습니다. '없는 척하던(pretending) 뱃살이 드러났다'는 뜻이죠.

## ❽ Lack of exercise, stress, irregular meals, and late-night snacks are the culprits.

| 운동부족과 스트레스, 불규칙한 식사와 야식 등이 문제라는 말이다 |

많이 언급되는 건강 저해 요인들이 등장했습니다. snack이 '간식을 먹다'라는 동사 뜻도 지니므로, late night snacking처럼 표현해도 됩니다. culprit은 원래 '범죄를 일으킨 주범'이라는 뜻인데, 여기처럼 '문제의 주 원인'이라는 비유적인 의미로도 쓰입니다. 달리, Eating late at night is to blame. 처럼 be to blame을 활용해 '~ 탓이다'라고 표현할 수도 있죠.

## ❾ This is probably the case for most office workers.

| 나뿐 아니라 거의 모든 직장인에게 해당하는 얘기가 아닐까 |

the case는 '케이스'가 아니라 '사실'을 말합니다. A is the case for B.라고 하면 'A는 B에도 적용된다'라는 뜻이죠. '적용'의 의미를 살려 I think this applies to most office workers.라고 하거나, This is probably true for almost every office worker.처럼 말해도 같은 뜻이죠.

## ❿ I feel genuinely grateful for that.

| 회사에 대해 고맙게 느껴지는 날이다 |

genuinely는 '진심'을 강조할 때 유용한 부사입니다. grateful은 thankful과 마찬가지로 '고마움을 느끼는'이라는 뜻이죠.

## Quick Quiz

1 전반적으로 문제는 없지만 신경 써야 할 것들은 있었다.
While there is nothing serious, a few areas ______ attention.

2 위염과 역류성 식도염 증상이 약간 있다.
I have a mild ______ of gastritis and signs of acid reflux.

3 내장비만에도 신경을 써야 한다.
I should keep an ______ on visceral fat.

4 운동부족과 스트레스, 불규칙한 식사와 야식 등이 문제다.
Lack of exercise, stress, irregular meals, and late-night snacks are the ______.

5 거의 모든 직장인에게 해당하는 얘기가 아닐까.
This is probably the ______ for most office workers.

답 **1.** need **2.** case **3.** eye **4.** culprits **5.** case

# 11월29일

요즘 해가 짧아져서 그런지❶, 일요일 저녁만 되면 평소보다 강한 우울감이 느껴진다❷. 토요일에는 그런 느낌이 없는데, 일요일 오후 4시 정도 되면 주말이 다 끝났다는 생각이 스치면서 기분이 가라앉는다❸. 해질녘이 되면 쓸쓸함이 극에 달한다. 그러다가 아예 밤이 되고❹, 출근을 위해 일찍 잠자리에 들어야 한다는 생각을 하면, 다시 마음이 안정되곤❺ 한다. 생각해보면 내 생활 패턴은 너무 뻔하다. 출근하면 일하느라 다른 생각을 할 겨를이 없지만, 아침에 일어날 때나 밤에 퇴근했을 때는 반복적인 삶에 대해 자문하게❻ 될 때도 많다. 반복적인 건 학생 때도 마찬가지였지만, 그때는 이렇게까지 깊게 생각하지 않았는데❼. 해가 짧아지는 11월의 호르몬 변화 때문이리라 생각하고❽ 넘어가 본다.

Maybe it's the shorter daylight hours, but every Sunday evening I feel a heavier sense of gloom than usual. Saturdays feel perfectly normal, but by around four on Sunday, the thought that the weekend is basically over hits me, and my mood sinks. As the sun sets, that sense of loneliness reaches its peak. But once night fully settles in and I remind myself that I need to go to bed early for work, my mind calms down again. When I think about it, my daily routine is so predictable. Once I get to work, I'm too busy to think about anything else. But in the mornings when I wake up or at night after coming home, I sometimes question the repetitiveness of my daily routine. Things were repetitive when I was a student too, but I never examined it so deeply back then. I'm choosing to believe it's just the hormonal shift that comes with November and its shortening daylight.

## 1 Maybe it's the shorter daylight hours.

| 요즘 해가 짧아져서 그런지 |

Maybe it's ~라고 하면 '때문'이라는 말이 없어도, '아마도 ~ 때문인지'라는 뜻이 됩니다. shorter daylight hours는 '낮 시간이 짧아진 것'을 말하죠. 달리 Maybe it's because the days are getting shorter.라고 해도 '낮이 짧아져서 그런지'라는 말이 됩니다.

## 2 Every Sunday evening, I feel a heavier sense of gloom than usual.

| 일요일 저녁만 되면 평소보다 강한 우울감이 느껴진다 |

gloomy가 '우울한'이라는 뜻이고, gloom은 '우울감'을 말하죠. 그래서 a heavier sense of gloom은 '더 짙은 우울감'을 뜻합니다.

## 3 The thought that the weekend is basically over hits me, and my mood sinks.

| 주말이 다 끝났다는 생각이 스치면서 기분이 가라앉는다 |

어떤 생각이 든다는 말을 여기서는 hit으로 표현했습니다. hit me 대신 strike me, dawn on me라고 해도 '~라는 생각이 든다'라는 의미죠. 안 좋은 생각이 무겁게 내리누르는 경우 weigh on이라고도 하므로 The thought weighs on me.처럼 표현할 수도 있습니다. 기분이 가라앉는 경우 '가라앉다'라는 뜻인 sink를 활용할 수 있는데, 떨어지거나 하락한다는 뜻을 지니는 drop, fall, plunge 모두 잘 어울립니다.

## 4 once night fully settles in

| 완전히 밤이 되면 |

settle in은 '자리를 잡다', '안정되다'라는 뜻으로, 밤이 완전히 자리를 잡는 것을 표현하기에도 적절합니다.

### ⑤ My mind calms down again.
| 다시 마음이 안정된다 |

마음이 가라앉고 차분해질 때 calm down이 기본 표현이고, '안정'을 강조해 settle down이라고 할 수도 있습니다.

### ⑥ I sometimes question the repetitiveness of my daily routine.
| 반복적인 삶에 대해 자문하게 될 때도 많다 |

question을 동사로 쓰면 ask처럼 단순히 묻는다는 뜻이 아니라 '의문을 품다', '이의를 제기하다'라는 말이 됩니다. 여기서는 '반복적인 삶을 사는 것에 대해 의문을 제기하게 된다'라는 뜻이죠. the repetitiveness of my daily routine은 '일상의 반복성'이라는 뜻으로, 매일 비슷하게 흘러가는 삶에 대한 공허함을 표현합니다.

### ⑦ I never examined it so deeply back then.
| 그때는 이렇게까지 깊게 생각하지 않았다 |

examine은 깊이 들여다보고 조사하는 것을 말하죠. I didn't think about it this deeply.처럼 think about으로 쉽게 표현해도 좋고, 들여다본다는 의미를 강조해 I never really looked into it that much.처럼 말해도 자연스럽습니다.

### ⑧ It's just the hormonal shift that comes with November and its shortening daylight.
| 해가 짧아지는 11월의 호르몬 변화 때문이리라 생각한다 |

hormonal은 hormone의 형용사형입니다. '호르몬 변화'는 hormonal shift라고 표현할 수 있죠. 11월에 생기는 호르몬의 변화를 11월과 함께 오는 변화(shift that comes with November)라고 표현했죠. come with는 쉬운 구동사지만 '포함'이나 '관여'를 표현하기에도 적절합니다. 가령 The laptop comes with a charger and a carrying case.라고 하면 '노트북을 사면 충전기와 가방을 준

다'라는 뜻이고, Moving abroad comes with its own challenges.라고 하면 '해외 이주에는 나름의 어려움이 따른다'라는 뜻이죠.

## Quick Quiz

1 일요일 저녁만 되면 평소보다 강한 우울감이 느껴진다.

Every Sunday evening, I feel a heavier sense of ______ than usual.

2 주말이 다 끝났다는 생각이 스치면서 기분이 가라앉는다.

The thought that the weekend is basically over ______ me, and my mood sinks.

3 완전히 밤이 되면

once night fully ______ in

4 반복적인 삶에 대해 자문하게 될 때도 많다.

I sometimes ______ the repetitiveness of my daily routine.

5 그때는 이렇게까지 깊게 생각하지 않았다.

I never ______ it so deeply back then.

답 **1.** gloom **2.** hits **3.** settles **4.** question **5.** examined

# 12월15일

연말 보너스 이야기가 사무실 곳곳에서 나온다❶. 보너스가 얼마나 나올지 나도 기대와 궁금증이 생겼다. 잘나가는 기업은 연봉의 50%까지도 받는다는❸ 뉴스도 있긴 하다❷. 하지만 세상에 공짜는 없다는❹ 생각도 든다. 그만큼 치열하게 일하고 확실한 성과를 내야 가능한❺ 일일 테니까. 나는 현실적으로 큰 기대는 하지 않지만, 그래도 작은 보너스라도 받으면 미래를 위해 우량주를 살❻ 생각이다. 주식은 위험하지만 장기적으로는 나를 위한 투자라고❼ 믿고 싶다. 동시에 나를 위한 셀프 크리스마스 선물도 소소하게 하나 사고❽ 싶다. 일 년 동안 열심히 달려온 나를 위로하는❾ 방법이니까. 아직 받지도 않았는데 보너스 생각을 하니 뭔가 뿌듯하다❿.

Talk of year-end bonuses is everywhere in the office. I've also started feeling curious and a little excited about how much mine might be. I saw on the news that some top-performing companies give bonuses worth up to 50% of an annual salary. But I also know there's no such thing as a free lunch. Rewards like that come from intense work and concrete results. I'm not expecting anything huge, but if I do get even a modest bonus, I plan to buy some blue-chip stocks for the future. Stocks are risky, but I want to believe that long-term investing is a way of taking care of my future self. I'd also love to treat myself to a small Christmas gift. It's my way of rewarding myself for working hard all year. I haven't even received the bonus yet, but just thinking about it is already so satisfying.

## ❶ Talk of year-end bonuses is everywhere in the office.

| 연말 보너스 이야기가 사무실 곳곳에서 나온다 |

talk of ~는 '~에 대한 이야기'라는 의미로, 특정 주제가 사람들 사이에서 자주 오르내린다고 할 때 쓸 수 있는 표현입니다. 달리 Everyone at the office talks about year end bonuses.라고 해도 좋죠.

## ❷ I saw on the news that ~.

| ~라는 뉴스도 있긴 하다 |

'뉴스에서 봤다'라고 할 때 I saw on the news that ~이 가장 쉽고 간단한 표현방법입니다. '뉴스에 의하면'이라고 해도 되니, According to the news ~로 문장을 시작하는 것도 좋죠.

## ❸ Some top-performing companies give bonuses worth up to 50% of an annual salary.

| 잘나가는 기업은 연봉의 50%까지도 받는다 |

top performing companies는 '실적이 뛰어난 기업', 즉 '잘나가는 기업'을 말하죠. bonuses worth up to 50% of an annual salary는 '연봉의 최대 50%에 달하는 보너스'라는 의미로, 가치가 얼마인지를 표현하기 위해 worth를 활용하고 있습니다. up to는 '최대 ~까지'라는 뜻으로 최대치를 표현하기에 좋죠.

## ❹ But I also know there's no such thing as a free lunch.

| 하지만 세상에 공짜는 없다는 생각도 든다 |

There's no such thing as a free lunch.는 '공짜는 없다'는 뜻의 관용 표현이죠. '무언가를 얻으려면 반드시 대가가 따른다'고 할 때 유용합니다.

### 5 Rewards like that come from intense work and concrete results.

| 그만큼 치열하게 일하고 확실한 성과를 내야 가능한 일일 테니까 |

치열하게 일하는 모습을 intense로 강조했죠. concrete results는 '확실한 성과'를 일컫습니다. 주어를 보너스를 받는 사람으로 잡아, You earn that kind of bonus only through hard work and concrete results.처럼 표현해도 좋죠.

### 6 If I do get even a modest bonus, I plan to buy some blue-chip stocks for the future.

| 그래도 작은 보너스라도 받으면 미래를 위해 우량주를 살 생각이다 |

겸손하다는 뜻인 modest는 액수가 크지 않다는 뜻으로도 쓰입니다. blue chip stocks는 '우량주'를 말하죠. 포커게임에 쓰이는 칩 중에서 파란색이 가장 가치가 높았던 데서 유래했습니다.

### 7 Long-term investing is a way of taking care of my future self.

| 장기적으로는 나를 위한 투자라고 믿고 싶다 |

a way of taking care of my future self는 '미래의 나를 돌보는 방식'이라고 직역할 수 있는데, 결국 '나를 위한 투자'라는 말이죠. '투자'라는 표현에 충실하게 Buying blue-chip stocks is an investment in myself.라고 해도 좋습니다.

### 8 I'd also love to treat myself to a small Christmas gift.

| 나를 위한 셀프 크리스마스 선물도 소소하게 하나 사고 싶다 |

'저녁 한 턱 낼게'를 I'll treat you to dinner.라고 하죠. treat는 식사를 한 턱 낼 때만 쓰지 않고, 한 턱 내듯 선물을 하거나 보상을 준다는 의미도 됩니다. 그래서 treat myself to a small Christmas gift는 나를 위한 크리스마스 선물을 산다는 말이죠. I want to get myself a little Christmas present. 혹은 I'm thinking of giving myself a small gift this Christmas.처럼 '선물을 준다'

는 표현을 써도 좋습니다.

## 9 It's my way of rewarding myself for working hard all year.

| 일 년 동안 열심히 달려온 나를 위로하는 방법이니까 |

reward myself는 '스스로에게 보상하다'라는 뜻이죠. '내 자신에게 감사하다'라고 해도 비슷한 의미이니, It's my small way of saying thank you to myself.처럼 말해도 됩니다.

## 10 Just thinking about it is already so satisfying.

| 보너스 생각을 하니 뭔가 뿌듯하다 |

satisfying은 '만족스러운', '뿌듯한'이라는 뜻이죠. '생각만 해도 기분이 좋아진다'는 의미로 Even the thought of it makes me feel good.처럼 표현해도 좋습니다.

## Quick Quiz

1 연말 보너스 이야기가 사무실 곳곳에서 나온다.

Talk of year-end bonuses is ______ in the office.

2 잘나가는 기업은 연봉의 50%까지도 받는다.

Some top-performing companies give bonuses ______ up to 50% of an annual salary.

3 치열하게 일하고 확실한 성과를 내야 가능한 일이다.

Rewards like that come from intense work and ______ results.

4 미래를 위해 우량주를 살 생각이다.

I plan to buy some ______ stocks for the future.

5 나를 위한 셀프 크리스마스 선물도 하나 사고 싶다.

I'd also love to ______ myself to a small Christmas gift.

답 **1.** everywhere **2.** worth **3.** concrete **4.** blue-chip **5.** treat

# 12월28일

한 해의 마지막이라 사무실에는 특별한 일이 없다❶. 평소보다 일찍 업무를 끝내고 대형 서점에 들렀다❷. 아무래도 경영, 경제 서적들에 시선이 갔는데❸, 재테크와 투자 전략에 관한 책들이❹ 많았다. 나는 AI 시대를 예측하는 책과 내년 경제 트렌드에 관한 책들을❺ 주로 살펴보았다. AI 시대에는 거대한 조직이 아니라 빠르게 적응하는 개인이 중요하다는 메시지에 공감이 갔다❻. 제로 클릭이라는 말도 맞는 것 같았다❼. 나도 궁금한 게 있으면 인공지능한테 음성으로 물어보고 끝내는❽ 일이 많으니까. 클릭을 통한 광고를 모델로 하는 인터넷 회사들은 어떻게 살아남을까❾ 싶다. 빠르게 변하는 세상에도 책의 역할은 있는❿ 것 같다. 대형 서점의 수많은 책들 속에서 느끼는 뿌듯함도 좋다. 해가 바뀌기 전에 오늘 산 책을 다 읽어야겠다.

With the year winding down, the office has been unusually quiet. I wrapped up my work earlier than usual and stopped by a large bookstore. My eyes were drawn to the business and economics section, which was packed with books on personal finance and investment strategies. I mainly browsed titles predicting the AI era and discussing next year's economic trends. The message that individuals who adapt quickly, rather than large organizations, will thrive in the age of AI resonated with me. The concept of "zero-click" also rang true. I also just ask an AI questions by voice and get answers instantly. I wonder how Internet companies built on click-based advertising will survive. I thought even in a rapidly changing world, books seem to retain their place. In a large bookstore, I feel a quiet sense of satisfaction that comes from being surrounded by so many books. Before the year turns, I want to finish reading the books I picked up today.

## ① With the year winding down, the office has been unusually quiet.

| 한 해의 마지막이라 사무실에는 특별한 일이 없다 |

with the year winding down은 '한 해가 저물어 가면서'라는 뜻입니다. with를 넣어 어떤 일의 배경이나 원인을 설명하고 있죠. 연말 사무실의 조용하고 여유로운 분위기는 slow로 표현할 수도 있습니다. The office has slowed down a lot as the year comes to an end.처럼 말해도 되고, The office has been very slow as the year comes to an end.처럼 표현해도 자연스럽습니다. 우리말로 '느려지다'라는 말은 이 상황에 맞지 않지만, 영어에서는 slow를 쓰는 것이 자연스럽죠. winding down은 '서서히 마무리되다'라는 뜻입니다. 급작스럽게 끝나는 것이 아니라 서서히 끝나는 모습을 말할 때 유용합니다.

## ② I wrapped up my work earlier than usual and stopped by a large bookstore.

| 평소보다 일찍 업무를 끝내고 대형 서점에 들렀다 |

wrap up은 '마무리하다'라는 뜻이죠. stop by는 목적지를 향해 가던 중 잠깐 들른다는 표현입니다. drop by도 같은 말이므로, I finished work a bit early and dropped by a big bookstore.라고 해도 자연스럽습니다.

## ③ My eyes were drawn to the business and economics section.

| 경영, 경제 서적들에 시선이 갔다 |

be drawn to는 시선이 자연스럽게 끌렸다는 뜻이죠. 앞서 일기들에서는 사람에게 매력을 느낀다는 의미였습니다. 경영, 경제 섹션을 주목하게 되었다는 뜻으로, My attention turned toward the business and economics section.처럼 표현할 수도 있습니다.

## ❹ It was packed with books on personal finance and investment strategies.

| 재테크와 투자 전략에 관한 책들이 많았다 |

be packed with ~는 '~으로 가득 차 있다'죠. 흔히 쓰는 '재테크'라는 말은 tech를 활용해 표현할 수 없습니다. 재테크는 '개인 재무 관리'를 뜻하므로, personal finance라고 해야 자연스럽습니다. money management라고 해도 좋죠. shelf와 복수형 shelves가 '서가'를 말하므로, The shelves were filled with books on personal finance and investing.처럼 표현해도 됩니다.

## ❺ I mainly browsed titles predicting the AI era and discussing next year's economic trends.

| AI 시대를 예측하는 책과 내년 경제 트렌드에 관한 책들을 주로 살펴보았다 |

browse는 온라인 오프라인을 막론하고 '훑어보다'라는 뜻으로 쓰입니다. 우리말로 '토론하다'는 사람에 대해서만 쓰이지만, 영어 discuss는 책을 주어로 삼아 책의 내용이 무엇인지를 말할 때도 활용되죠. 그래서 titles discussing next year's economic trends는 '내년 경제 트렌드를 다루는 책들'을 말합니다. title은 '제목'이 아니라 '책'이나 '음반에 수록된 곡'을 일컫습니다.

## ❻ The message that individuals who adapt quickly will thrive in the age of AI resonated with me.

| AI 시대에는 빠르게 적응하는 개인이 중요하다는 메시지에 공감이 갔다 |

우리말 '적응하다'는 adapt로 표현하면 됩니다. thrive는 보통 '번창하다'라고 기억하는데, 이처럼 개인이나 기업의 '성공'을 일컫는 표현도 되죠. resonate는 원래 메아리처럼 울린다는 뜻인데, A resonate with B.라고 하면, A가 B에게 울림을 준다, 즉 A에 B가 공감한다는 뜻입니다. B의 자리에 공감하는 사람이 온다는 점을 기억하고, A와 B의 순서가 바뀌지 않도록 주의해야 합니다.

## ❼ The concept of "zero-click" also rang true.

| 제로 클릭이라는 말도 맞는 것 같았다 |

ring이 종을 울린다는 뜻인데, ring true는 종소리가 울려 퍼지듯, '진실되게 느껴졌다', '와닿았다'는 말입니다. 달리, The idea of zero click made a lot of sense to me.라고 하거나 The notion of zero click was very convincing(설득력이 있다).처럼 말할 수도 있죠.

## ❽ I also just ask an AI questions by voice and get answers instantly.

| 나도 궁금한 게 있으면 인공지능한테 음성으로 물어보고 끝낸다 |

ask는 목적어 2개를 지니는 4형식 동사이므로, 인공지능에게 묻는다고 할 때 an AI와 questions 사이에 어떤 전치사도 넣을 필요가 없습니다.

## ❾ I wonder how Internet companies built on click-based advertising will survive.

| 클릭을 통한 광고를 모델로 하는 인터넷 회사들은 어떻게 살아남을까 |

built on이 '~에 기반을 둔'이라는 뜻이므로 수익 모델을 설명하는 말로 적절하고, click-based advertising은 '클릭에 의존하는 광고'라는 말이 됩니다. 기업이 생존하는 것을 가리키는 표현에 stay afloat도 있죠. 물에 가라앉지 않고 떠 있는(afloat) 모양에 빗댄 표현입니다. survive 대신 stay afloat이라고 해도 좋습니다.

## ❿ Even in a rapidly changing world, books seem to retain their place.

| 빠르게 변하는 세상에도 책의 역할은 있는 것 같다 |

retain이 유지한다는 뜻이므로 retain their place는 '자리를 유지하다'라는 말입니다. 유지할 자리가 있다는 뜻인데, 결국 '여전히 자신의 가치를 지킨다'는 말이므로 hold their value라고 해도 좋습니다.

## Quick Quiz

1 한 해의 마지막이라 사무실에는 특별한 일이 없다.

With the year ______ down, the office has been unusually quiet.

---

2 평소보다 일찍 업무를 끝내고 대형 서점에 들렀다.

I wrapped up my work earlier than usual and ______ by a large bookstore.

---

3 재테크와 투자 전략에 관한 책들이 많았다.

It was packed with books on personal ______ and investment strategies.

---

4 ~라는 메시지에 공감이 갔다.

The message ______ with me.

---

5 제로 클릭이라는 말도 맞는 것 같았다.

The concept of “zero-click” also ______ true.

답 **1.** winding **2.** stopped **3.** finance **4.** resonated **5.** rang

# 12월 31일

한 해를 마무리하며 한 해 동안 감사했던 순간들이 떠오른다❶. 회사에서 힘든 프로젝트를 마무리하고 동료들과 함께 축하하던❷ 순간, 가족과 함께한 따뜻한 저녁 식사, 친구들과 여행하며 웃음 가득했던❸ 시간. 모두가 소중했다. 건강하게 지낸 것도 감사할 이유다. 연초에 적어둔 버킷리스트를 보니 절반 정도는 이뤘고 절반은 지키지 못했다❹. 책을 더 많이 읽겠다는 목표는 어느 정도 달성했지만, 운동을 꾸준히 하겠다는 다짐은 지키지 못했다. 외국 여행을 가겠다는 계획은 실현했지만, 새로운 자격증 공부는 미뤄두고❺ 말았다. 그래도 이뤄낸 것들이 있다는 사실이 나를 위로한다❻. 내년에는 더 많은 감사와 더 많은 성취를 남기고❼ 싶다. 더 의미있는 이야기들로 나의 일기장을 채우고❽ 싶다.

As the year comes to an end, the moments I'm grateful for naturally come to mind. Wrapping up a tough project at work and celebrating with my colleagues, sharing warm dinners with my family, and laughing endlessly on trips with friends—all of these moments meant so much to me. I'm also thankful for having stayed healthy. When I look back at the bucket list I wrote at the start of the year, I achieved about half and fell short on the rest. I met my goal of reading more books, but I didn't keep my promise to exercise regularly. I took the overseas trip I'd planned, but I put off studying for a new certification. Even so, the things I did achieve bring me a sense of comfort. In the coming year, I want to fill my life with even more gratitude and progress. I want my journal to be filled with stories that feel more meaningful.

## ❶ As the year comes to an end, the moments I'm grateful for naturally come to mind.

| 한 해를 마무리하며 한 해 동안 감사했던 순간들이 떠오른다 |

come to an end는 '끝나다'라는 뜻이죠. draw to an end, draw to a close라고 해도 같은 말입니다. come to mind가 생각이 난다는 뜻이므로, naturally come to mind는 한 해를 마무리하며 여러 순간들이 자연스레 떠오르는 것을 잘 표현합니다.

## ❷ wrapping up a tough project at work and celebrating with my colleagues

| 회사에서 힘든 프로젝트를 마무리하고 동료들과 함께 축하하던 순간 |

힘든 프로젝트를 tough라고 묘사했는데, demanding project, challenging project라고 해도 역시 어렵다는 의미가 되죠.

## ❸ laughing endlessly on trips with friends

| 친구들과 여행하며 웃음 가득했던 시간 |

laughing endlessly는 '끝없이 웃었다'는 말이죠. 즐거움이 끊이지 않았던 분위기를 잘 전달합니다. laughing nonstop while traveling with friends처럼 nonstop으로 끊기지 않고 계속됨을 묘사할 수도 있습니다.

## ❹ I achieved about half and fell short on the rest.

| 절반 정도는 이뤘고 절반은 지키지 못했다 |

fall short는 부족하다는 뜻이죠. 무엇에 대해 부족했는지 on 다음에 넣어 표현하고 있습니다. '끝까지 해내다'라는 뜻을 지닌 구동사에 1월1일 일기에 나온 follow through가 있죠. I couldn't follow through on the rest.라고 해도 나머지는 해내지 못했다는 말이 됩니다.

## ⑤ I put off studying for a new certification.

| 새로운 자격증 공부는 미뤄두고 말았다 |

put off는 '미루다'라는 뜻이죠. 연기한다는 뜻의 delay나 postpone을 활용해도 좋습니다. 긴 듯 보이나 많이 들을 수 있는 구동사로 hold off on도 있죠. I've been holding off on studying for a new certification.라고 해도 '자격증 공부를 지금도 계속 미루고 있다'라는 말입니다.

## ⑥ Even so, the things I did achieve bring me a sense of comfort.

| 그래도 이뤄낸 것들이 있다는 사실이 나를 위로한다 |

bring me a sense of comfort는 '나에게 위로를 준다'는 의미죠. comfort가 '안정감'을 말하기도 합니다. 마음의 평화를 준다는 뜻에서 give me some peace처럼 표현해도 좋습니다.

## ⑦ In the coming year, I want to fill my life with even more gratitude and progress.

| 내년에는 더 많은 감사와 더 많은 성취를 남기고 싶다 |

'다가오는 새해에'라는 뜻에서 next year라고 하지 않고 coming year라고 표현했죠. gratitude는 '감사'를 뜻하는 말로, appreciation, thankfulness와 같습니다.

## ⑧ I want my journal to be filled with stories that feel more meaningful.

| 더 의미있는 이야기들로 나의 일기장을 채우고 싶다 |

앞서 설명한 대로, '일기장'은 diary가 아니라 journal이라고도 합니다. 하루에 있었던 일을 적어 두는 '기록장'을 말하죠. '일기장이 더 많은 이야기들을 담게 되기를 바란다'고 표현할 수도 있으므로, I hope my journal will hold stories that carry more meaning.처럼 말해도 되죠. 일기장이 채워지는 것이 아니라

내가 채운다고 하려면, I want to fill my journal with moments that feel truly meaningful.처럼 표현하면 됩니다.

## Quick Quiz

1 감사했던 순간들이 떠오른다.

The moments I'm grateful for naturally come to ______.

2 절반 정도는 이뤘고 절반은 지키지 못했다.

I achieved about half and fell ______ on the rest.

3 새로운 자격증 공부는 미뤄두고 말았다.

I ______ off studying for a new certification.

4 그래도 이뤄낸 것들이 있다는 사실이 나를 위로한다.

Even so, the things I did achieve bring me a sense of ______.

5 내년에는 더 많은 감사와 더 많은 성취를 남기고 싶다.

In the coming year, I want to fill my life with even more ______ and progress.

답 **1.** mind **2.** short **3.** put **4.** comfort **5.** gratitude

<MEMO>